Emiliano Zapata

Manifiestos

Barcelona **2023**
Linkgua-ediciones.com

Créditos

Título original: Manifiestos.

© 2023, Red ediciones S.L.

e-mail: info@linkgua.com

Diseño de cubierta: Michel Mallard.

ISBN rústica: 978-84-9816-621-7.
ISBN ebook: 978-84-9953-327-8.

Sumario

Brevísima presentación

La vida

Emiliano Zapata Salazar (1879-1919). México.

Fue uno de los líderes principales de la Revolución Mexicana. Nació en San Miguel Anenecuilco, distrito de Ayala, en el estado de Morelos el 8 de agosto de 1879.

En septiembre de 1909 fue electo presidente de la junta de defensa de las tierras de Anenecuilco. Y en mayo de 1910 recuperó por la fuerza las tierras de Villa de Ayala, que eran protegidas por el el jefe de la policía y las entregó a los campesinos de la zona. Algunos meses después participó en la reunión que se celebró allí para discutir el Plan de San Luis.

A finales de 1910 un enviado suyo fue a Estados Unidos para entrevistarse con Francisco I. Madero. Tras este encuentro Zapata decidió tomar las armas el 10 de marzo de 1911, proclamando el Plan de San Luis. Por entonces combatió en Chinameca, Jojutla, Jonacatepec, Tlayecac y Tlaquiltenango.

En 1911 Zapata se convirtió en el líder revolucionario del sur. Reivindicaba una reforma agraria radical. Con el asesinato de Francisco I. Madero y el ascenso en el poder de Victoriano Huerta, la lucha armada se recrudeció y Zapata introdujo importantes reformas en Morelos.

En 1914 la Convención de Aguascalientes adoptó el Plan de Ayala y eligió como presidente provisional a Eulalio Gutiérrez. Los grupos dirigidos por Francisco Villa y Zapata aceptaron los resultados de la Convención, no el encabezado por el general Carranza, lo que provocó la continuación de la guerra civil.

En 1919 Jesús Guajardo le hizo creer a Zapata que estaba descontento con Carranza y que estaría dispuesto a unirse a él. Zapata le pidió pruebas y Guajardo se las dio. Acordaron reunirse en la Hacienda de Chinameca, Morelos, el 10 de abril, Zapata fue asesinado en una encerrona.

Al pueblo de Morelos

Desde que os invité en la Villa de Ayala a verificar el movimiento revolucionario contra el déspota Porfirio Díaz, tuve el honor de que os hubierais aprestado a la lucha militando bajo mis órdenes, con la satisfacción de ir a la reconquista de vuestros derechos y libertades usurpadas. Juntos compartimos los azares de la guerra, la desolación de nuestros hogares, el derramamiento de sangre de nuestros hermanos, y los toques marciales de los clarines de la victoria. Mi ejército fue formado por vosotros, conciudadanos, nimbados por la aureola brillante del honor sin mancha; sus proezas las visteis desde Puebla hasta este jirón de tierra bautizada con el nombre de Morelos, donde no hubo más heroicidad que la de vosotros, soldados, contra los defensores del tirano más soberbio que ha registrado en sus páginas la historia de México y aunque nuestros enemigos intentan mancillar las legítimas glorias que hemos realizado en bien de la patria, el reguero de pueblos que ha presenciado nuestros esfuerzos contestará con voces de clarín anatematizando a la legión de traidores científicos que aún en las pavorosas sombras de su derrota, forjan nuevas cadenas para el pueblo o intentan aplastar la reivindicación de esclavos, de parias, de autómatas, de lacayos. La opresión ignominiosa de más de treinta años ejercitados por el revolucionario ambicioso de Tuxtepec; nuestras libertades atadas al carro de la tiranía más escandalosa, solo comparable a la de Rusia, a la de África Ecuatorial; nuestra soberanía de hombres libres no era otra cosa que la más sangrienta de las burlas. La ley no estaba más que escrita y sobre ella el capricho brutal de la turba de sátrapas de Porfirio Díaz, siendo la justicia un aparato gangrenado, dúctil, elástico, que tomaba la forma que se le daba en las manos de jueces banales y sujeto al molde morboso de los señores de horca y cuchillo. El pueblo mexicano pidió, como piden los pueblo cultos, pacíficamente, en la prensa y en la tribuna, el derrocamiento de la dictadura, pero no se le escuchó; se le contestó a balazos, a culatazos y a caballazos; y solo cuando repelió la fuerza con la fuerza, fue cuando se oyeron sus quejas, y el tirano, lo mismo que la comparsa de pulpos científicos, se vieron vencidos y contemplaron al pueblo vencedor.

La revolución que acaba de triunfar, iniciada en Chihuahua por el invicto caudillo de la democracia C. Francisco I. Madero, que nosotros apoyamos con las armas en la mano lo mismo que el país entero, ha tenido por lema *Sufragio efectivo. No reelección*, ha tratado de imponer la justicia basada en la ley, procurando el restablecimiento de nuestros derechos y libertades conculcadas por nuestros opresores del círculo porfiriano, que en su acalorada fantasía aún conspiran por sus antiguos privilegios, por sus comedias y escamoteos electorales, por sus violaciones flagrantes de la ley. En los momentos de llevarse a cabo las elecciones para diputados a la legislatura del Estado, los enemigos de nuestras libertades, intrigando de una manera oprobiosa, me calumniaron a mí y al Ejército Libertador que representa nuestra causa, al grado de haberse mandado tropas federales a licenciarnos por la fuerza, porque los señores científicos así lo pidieron, para desarmarnos o exterminarnos en caso necesario, a fin de lograr los fines que persiguen en contra de nuestras libertades e instituciones democráticas.

Un conflicto sangriento estuvo a punto de realizarse: nosotros, yo y mi ejército, pedimos el retiro de las fuerzas federales, por ser una amenaza para la paz pública y para nuestra soberanía, e hicimos una petición justa al Supremo Gobierno y al señor Madero que la prensa recta y juiciosa de la capital de la República, comentó con su pluma en sabios conceptos en nuestro favor. Los científicos, como canes rabiosos, profirieron contra nosotros, vomitando injurias y calumnias, calificándonos de bandidos, de rebeldes al Supremo Gobierno, cosa que ha sido desmentida por la opinión pública y por nuestra actitud pacífica y leal al Supremo Gobierno y al señor Madero. Los enemigos de la patria y de las libertades de los pueblos, siempre han llamado bandidos a los que se sacrifican por las causas nobles. Así llamaron bandidos a Hidalgo, a Álvarez, a Juárez, y al mismo Madero, que es la encarnación sublime de la democracia y de las libertades del pueblo mexicano, y que ha sido el derrochador más formidable de la tiranía, que la patria saluda con himnos de gloria. El Jefe de la Revolución, don Francisco I. Madero vino a Cuautla y entre delegados de pueblos y jefes de mi ejército se convino, en bien de los principios que hemos defendido y de la paz de nuestro Estado, en lo siguiente:

1.º Licenciamiento de Ejército Libertador.

2.º Que a la vez que se licenciaba al Ejército Libertador, se retirarían las fuerzas federales del Estado;

3.º Que la seguridad pública del Estado quedaría a cargo de fuerzas insurgentes de los Estados de Veracruz e Hidalgo;

4.º Que el gobernador provisional de nuestro Estado sería el ingeniero Eduardo Hay;

5.º Que el Jefe de las armas sería el Teniente Coronel Raúl Madero;

6.º Que el sufragio de las próximas elecciones sería efectivo, sin amenazas y sin presión de bayonetas, y;

7.º Que los jefes del Ejército Libertador tendrían toda clase de garantías para ponerse a cubierto de calumnias.

Estas fueron las promesas y convenios establecidos entre nosotros y el Jefe de la Revolución don Francisco I. Madero, quien expresó estar autorizado por el Supremo Gobierno para llevar a la vía de la realidad lo antes convenido. Si desgraciadamente no se cumple lo pactado, vosotros juzgaréis; nosotros tenemos la fe en nuestra causa y confianza en el señor Madero; nuestra lealtad con él, con la patria y con el Supremo Gobierno ha sido inmensa, pues mis mayores deseos, lo mismo que los de mi ejército, son y han sido todo por el pueblo de Morelos, teniendo por base la justicia y la ley.

Villa de Ayala, agosto 27 de 1911

Plan de Ayala

Plan libertador de los hijos del Estado de Morelos, afiliados al Ejército Insurgente que defiende el cumplimiento del Plan de San Luis Potosí, con las reformas que ha creído conveniente aumentar en beneficio de la patria mexicana.

Los que suscribimos, constituidos en Junta revolucionaria, para sostener y llevar a cabo las promesas que hizo la revolución del 20 de noviembre de 1910, próximo pasado, declaramos solemnemente ante la faz del mundo civilizado que nos juzga y ante la nación a que pertenecemos y amamos, los propósitos que hemos formulado para acabar con la tiranía que nos oprime y redimir a la patria de las dictaduras que se nos imponen, las cuales quedan determinadas en el siguiente plan:

1.º Teniendo en consideración que el pueblo mexicano acaudillado por don Francisco I. Madero fue a derramar su sangre para reconquistar sus libertades y reivindicar sus derechos conculcados, y no para que un hombre se adueñara del poder, violando los sagrados principios que juró defender bajo el lema de Sufragio efectivo. No reelección, ultrajando así la fe, la causa, la justicia y las libertades del pueblo; teniendo en consideración que ese hombre a que nos referimos es don Francisco I. Madero, el mismo que inició la precipitada revolución, el cual impuso por norma su voluntad e influencia al gobierno provisional del ex-presidente de la República, licenciado don Francisco León de la Barra, por haberlo aclamado el pueblo su libertador, causando con este hecho reiterados derramamientos de sangre y multiplicadas desgracias a la patria de una manera solapada y ridícula, no teniendo otras miras que el satisfacer sus ambiciones personales, sus desmedidos instintos de tirano y su profundo desacato al cumplimiento de las leyes preexistentes, emanadas del inmortal Código de 57, escrito con la sangre de los revolucionarios de Ayutla.

Teniendo en consideración que el llamado Jefe de la Revolución Libertadora de México, don Francisco I. Madero, no llevó a feliz término la revolución que tan gloriosamente inició con el apoyo de Dios y del pueblo, puesto que dejó en pie la mayoría de los poderes gubernativos y elementos corruptos de opresión del gobierno dictatorial de Porfirio Díaz que no son ni pueden ser en manera alguna la legítima representación de la Soberanía nacional, y que, por ser acérrimos adversarios nuestros y de los principios que hasta hoy defendemos, están provocando el malestar del país y abriendo nuevas heridas al seno de la patria para darle a beber su propia sangre.

Teniendo en consideración que el supradicho señor Francisco I. Madero, actual presidente de la República, trata de eludir el cumplimiento de las promesas que hizo a la nación en el Plan de San Luis Potosí, ciñendo las precipitadas promesas a los Convenios de Ciudad Juárez, ya nulificando, encarcelando, persiguiendo o matando a los elementos revolucionarios que le ayudaron a que ocupara el alto puesto de presidente de la República por medio de sus falsas promesas y numerosas intrigas a la nación.

Teniendo en consideración que el tantas veces repetido don Francisco I. Madero ha tratado de acallar con la fuerza bruta de las bayonetas y de ahogar en sangre a los pueblos que le piden, solicitan o exigen el cumplimiento de sus promesas a la revolución, llamándoles bandidos y rebeldes, condenándolos a una guerra de exterminio sin concederles ni otorgarles ninguna de las garantías que prescriben la razón, la justicia y la ley.

Teniendo en consideración que el presidente de la República, señor don Francisco I. Madero ha hecho del sufragio efectivo una sangrienta burla al pueblo, ya imponiendo contra la voluntad del mismo pueblo en la vicepresidencia de la República al licenciado José María Pino Suárez, ya a los gobernadores de los Estados designados por él, como el llamado General Anbrocio Figueroa, verdugo y tirano del pueblo de Morelos, ya entrando en contubernio escandaloso con el Partido Científico, hacendados feudales y caciques opresores enemigos de la revolución proclamada por él, a fin de forjar nuevas cadenas y de seguir el molde de una nueva dictadura más oprobiosa y más terrible que la de Porfirio Díaz, pues ha sido claro y patente que ha ultrajado la soberanía de los Estados, conculcando las leyes sin ningún respeto a las vidas e intereses, como ha sucedido en el Estado de

Morelos y otros, conduciéndonos a la más horrorosa anarquía que registra la historia contemporánea.

Por esas consideraciones declaramos al susodicho Francisco I. Madero, inepto para realizar las promesas de la revolución de que fue autor, por haber traicionado los principios con los cuales burló la fe del pueblo y pudo escalar el poder; incapaz para gobernar por no tener ningún respeto a la ley y a la justicia de los pueblos y traidor a la patria por estar humillando a sangre y fuego a los mexicanos que desean sus libertades, por complacer a los científicos, hacendados y caciques que nos esclavizan, y desde luego hoy comenzamos a continuar la revolución principiada por él, hasta conseguir el derrocamiento de los poderes dictatoriales que existen.

2.º Se desconoce como Jefe de la Revolución al C. Francisco I. Madero y como presidente de la República, por las razones que antes se expresan, procurándose el derrocamiento de este funcionario.

3.º Se reconoce como Jefe de la Revolución Libertadora, al ilustre General Pascual Orozco, segundo del caudillo don Francisco I. Madero, y en caso de que no acepte este delicado puesto, se reconocerá, como Jefe de la Revolución al C. General Emiliano Zapata.

4.º La Junta Revolucionaria del Estado de Morelos manifiesta a la nación bajo formal protesta:

Que hace suyo el Plan de San Luis Potosí con las adiciones que a continuación se expresan en beneficio de los pueblos oprimidos y se hará defensora de los principios que defiende hasta vencer o morir.

5.º La Junta Revolucionaria del Estado de Morelos no admitirá transacciones ni componendas políticas hasta no conseguir el derrocamiento de los elementos dictatoriales de Porfirio Díaz y dos Francisco I. Madero, pues la nación está cansada de hombres falaces y traidores que hacen promesas como libertadores pero que al llegar al poder, se olvidan de ellas y se constituyen en tiranos.

6.º Como parte adicional del Plan que invocamos, hacemos constar: que los terrenos, montes y aguas que hayan usurpado los hacendados, científicos o caciques a la sombra de la tiranía y justicia banal, entrarán en posesión de estos bienes inmuebles desde luego, los pueblos o ciudadanos que tengan sus títulos correspondientes a esas propiedades, de las cuales han sido despojados, por la mala fe de nuestros opresores, manteniendo a todo trance, con las armas en la mano, la mencionada posesión, y los usurpadores que se consideren con derecho a ellos, lo deducirán ante los tribunales especiales que se establezcan al triunfo de la revolución.

7.º En virtud de que la inmensa mayoría de los pueblos y ciudadanos mexicanos, no son más dueños que del terreno que pisan, sufriendo los horrores de la miseria sin poder mejorar en nada su condición social ni poder dedicarse a la industria o a la agricultura por estar monopolizadas en unas cuantas manos las tierras, montes y aguas; por estas causas se expropiaran, previa indemnización de la tercera parte de esos monopolios, a los poderosos propietarios de ellos, a fin de que los pueblos y ciudadanos de México obtengan ejidos, colonias, fundos legales para pueblos o campos de sembradura o de labor y se mejore en todo y para todo la falta de prosperidad y bienestar de los mexicanos.

8.º Los hacendados, científicos o caciques que se opongan directa o indirectamente al presente Plan, se nacionalizarán sus bienes, y las dos terceras partes que a ellos les correspondan, se destinarán para indemnizaciones de guerra, pensiones para las viudas y huérfanos de las víctimas que sucumban en la lucha por este Plan.

9.º Para ajustar los procedimientos respecto a los bienes antes mencionados, se aplicarán leyes de desamortización y nacionalización según convenga, pues de norma y ejemplo pueden servir las puestas en vigor por el inmortal Juárez, a los bienes eclesiásticos, que escarmentaron a los déspotas y conservadores que en todo tiempo han pretendido imponernos el yugo ignominioso de la opresión y del retroceso.

10.º Los Jefes militares insurgentes de la República que se levantaron con las armas en la mano, a la voz de don Francisco I. Madero, para defender el Plan de San Luis Potosí, y que ahora se opongan con fuerza armada al presente Plan, se juzgarán traidores a la causa que defendieron y a la patria, puesto que en la actualidad muchos de ellos, por complacer a los tiranos, por un puñado de monedas, o por cohecho o soborno, están derramando la sangre de sus hermanos que reclaman el cumplimiento de las promesas que hizo a la nación don Francisco I. Madero.

11.º Los gastos de guerra serán tomados conforme a lo que prescribe el artículo XI del Plan de San Luis Potosí, y todos los procedimientos empleados en la revolución que emprendemos, serán conforme a las instrucciones mismas que determine el mencionado Plan.

12.º Una vez triunfante la revolución que hemos llevado a la vía de la realidad, una Junta de los principales jefes revolucionarios de los distintos Estados, nombrará o designará un presidente interino de la República, quien convocará elecciones para la nueva formación del Congreso de la Unión y éste, a su vez, convocará a elecciones para la organización de los demás poderes federales.

13.º Los principales Jefes revolucionarios de cada Estado, en junta designarán al gobernador provisional del Estado a que correspondan y este elevado funcionario convocará a elecciones para la debida organización de los poderes públicos, con el objeto de evitar consignas forzadas que labren la desdicha de los pueblos como la tan conocida consigna de Ambrosio Figueroa, en el Estado de Morelos, y otros que nos conducen a conflictos sangrientos sostenidos por el capricho del dictador Madero y el círculo de científicos y hacendados que lo han sugestionado.

14.º Si el presidente Madero y demás elementos dictatoriales del actual y antiguo régimen desean evitar las inmensas desgracias que afligen a la patria, que hagan inmediata renuncia de los puestos que ocupan y con eso, en algo restañarán las grandes heridas que han abierto al seno de la patria; pues de no hacerlo así, sobre sus cabezas caerá la sangre derramada de nuestros hermanos.

15.º Mexicanos: Considerad que la astucia y la mala fe de un hombre está derramando sangre de una manera escandalosa por ser incapaz para gobernar; considerad que su sistema de gobierno está agarrotando a la patria y hollando con la fuerza bruta de las bayonetas nuestras instituciones, y así como nuestras armas las levantamos para elevarlo al poder, ahora las volveremos contra él por haber faltado a sus compromisos con el pueblo mexicano y haber traicionado a la revolución iniciad por él. ¡No somos personalistas, somos partidarios de los principios y no de los hombres!

Pueblo mexicano: apoyad con las armas en la mano este Plan y haréis la prosperidad y bienestar de la patria.

Justicia y Ley

Villa de Ayala, 28 de noviembre de 1911

General Emiliano Zapata, General Otilio E. Montaño, General José Trinidad Ruiz, General Eufemio Zapata, General Jesús Morales, General Próculo Capistrán, General Francisco Mendoza.

Coroneles: Amador Salazar, Agustín Cázares, Rafael Sánchez, Cristóbal Domínguez, Fermín Omaña, Pedro Salazar, Emigdio E. Marmolejo, Pioquinto Galis, Manuel Vergara, Santiago Aguilar, Clotilde Sosa, Julio Tapia, Felipe Vaquero, Jesús Sánchez, José Ortega, Gonzalo Aldape, Alfonso Morales.

Capitanes: Manuel Hernández, Feliciano Domínguez, José Pineda, Ambrosio López, Apolinar Adorno, Porfirio Cázares, Antonio Gutiérrez, Odilón

Neri, Arturo Pérez, Agustín Ortíz, Pedro Valbuena Herrero, Catarino Verga-
ra, Margarito Camacho, Serafín Rivera, Teófilo Galindo, Felipe Torres, Simón
Guevara, Avelino Cortés, José María Carrillo, Jesús Escamilla,, Florentino
Osorio, Camerino Menchaca, Juan Esteves, Francisco Mercado, Sotero
Guzmán, Melesio Rodríguez, Gregorio García, José Villanueva, L. Franco, J.
Estudillo, F. Galarza González, F. Caspeta, P. Campos.

Teniente: Alberto Blumenkron.

Manifiesto a la nación

La victoria se acerca, la lucha toca a su fin. Se libran ya los últimos combates y en estos instantes solemnes, de pie y respetuosamente descubiertos ante la nación, aguardamos la hora decisiva, el momento preciso en que los pueblos se hunden o se salvan, según el uso que hacen de la soberanía conquistada, esa soberanía por tanto tiempo arrebatada a nuestro pueblo, y la que con el triunfo de la revolución volverá ilesa, tal como se ha conservado y la hemos defendido aquí, en las montañas que han sido su solio y nuestro baluarte. Volverá dignificada y fortalecida para nunca más ser mancillada por la impostura ni encadenada por la tiranía.

Tan hermosa conquista ha costado al pueblo mexicano un terrible sacrificio, y es un deber, un deber imperioso para todos, procurar que ese sacrificio no sea estéril, por nuestra parte, estamos bien dispuestos a no dejar ni un obstáculo enfrente, sea de la naturaleza que fuere y cualquiera que sean las circunstancias en que se presente, hasta haber levantado el porvenir nacional sobre una base sólida, hasta haber logrado que nuestro país, amplia la vía y limpio el horizonte, marche sereno hacia el mañana grandioso que le espera.

Perfectamente convencidos de que es justa la causa que defendemos, con plena consciencia de nuestros deberes y dispuestos a no abandonar ni un instante la obra grandiosa que hemos emprendido, llegaremos resueltos hasta el fin, aceptando ante la civilización y ante la historia, las responsabilidades de este acto de suprema reivindicación.

Nuestros enemigos, los eternos enemigos de las ideas regeneradoras, han empleado todos los recursos y acudido a todos los procedimientos para combatir a la revolución, tanto para vencerla en la lucha armada, como para desvirtuarla en su origen y desviarla de sus fines.

Sin embargo, los hechos hablan muy alto de la fuerza y el origen de este movimiento.

Más de treinta años de dictadura, parecían haber agotado las energías y dado fin al civismo de nuestra raza, y a pesar de ese largo periodo de esclavitud y enervamiento, estalló la revolución de 1910, como un clamor inmenso de justicia que vivirá siempre en el alma de las naciones como vive la libertad en el corazón de los pueblos para vivificarlos, para redimirlos, para levantarlos de la abyección a la que no puede estar condenada la especie humana.

Fuimos de los primeros en tomar parte de aquel movimiento, y el hecho de haber continuado en armas después de la expulsión de Porfirio Díaz y de la exaltación de Madero al poder, revela la pureza de nuestros principios y el perfecto conocimiento de causa con que combatimos y demuestra que no nos llevaban mezquinos intereses, ni ambiciones bastardas, ni siquiera los oropeles de la gloria, no; no buscábamos ni buscamos la pobre satisfacción del medro personal, ni anhelábamos la triste vanidad de los honores, ni queremos otra cosa que no sea el verdadero triunfo de la causa, consistente en la implantación de los principios, la realización de los ideales y la resolución de los problemas, cuyo resultado tiene que ser la salvación y el engrandecimiento de nuestro pueblo.

La fatal ruptura del Plan de San Luis Potosí motivó y justificó nuestra rebeldía contra aquel acto que invalidaba todos los compromisos y defraudaba todas las esperanzas; que nulificaba todos los esfuerzos y esterilizaba todos los sacrificios y truncaba, sin remedio, aquella obra de redención tan generosamente emprendida por los que dieron sin vacilar, como abono para la tierra, la sangre de sus venas. El Pacto de Ciudad Juárez devolvió el triunfo a los enemigos y la víctima a sus verdugos; el caudillo de 1910 fue el autor de aquella amarga traición, y fuimos contra él, porque, lo repetimos: ante la causa no existen para nosotros las personas y conocemos lo bastante la situación para dejarnos engañar por el falso triunfo de unos cuantos revolucionarios convertidos en gobernantes; lo mismo que combatimos a Francisco I. Madero, combatiremos a otros cuya administración no tenga por base los principios por los que hemos luchado.

Roto el Plan de San Luis, recogimos su bandera y proclamamos el Plan de Ayala.

La caída del gobierno pasado no podía significar para nosotros más que un motivo para redoblar nuestro esfuerzo, porque fue el acto más vergonzoso que pueda registrarse; ese acto de abominable perversidad, ese acto incalificable que ha hecho volver el rostro indignados y escandalizados a los demás países que nos observan y a nosotros nos ha arrancado un estremecimiento de indignación tan profunda, que todos los medios y todas las fuerzas juntas no bastarían a contenerla, mientras no hayamos castigado el crimen, mientras no ajusticiemos a los culpables.

Todo esto por lo que respecta al origen de la revolución, por lo que toca a sus fines, ellos son tan claros y precisos, tan justos y nobles, que constituyen por sí solos una fuerza suprema, la única con que contamos para ser invencibles, la única que hace inexpugnables estas montañas en que las libertades tienen su reducto.

La causa por la que luchamos, los principios e ideales que defendemos, son ya bien conocidos de nuestros compatriotas, puesto que en su mayoría se han agrupado en torno de esta bandera de redención de este lábaro santo del derecho, bautizado con el sencillo nombre de Plan de Villa de Ayala. Ahí están contenidas las más justas aspiraciones del pueblo, planteadas las más imperiosas necesidades sociales, y propuestas las más importantes reformas económicas y políticas, sin cuya implantación, el país rodaría inevitablemente al abismo, hundiéndose en el caos de la ignorancia, de la miseria y de la esclavitud.

Es terrible la oposición que se ha hecho al Plan de Ayala, pretendiendo, más que combatirlo con razonamientos, desprestigiarlo con insultos, y para ello, la prensa mercenaria, la que vende su decoro y alquila sus columnas, ha dejado caer sobre nosotros una asquerosa tempestad de cieno, de aquel en que se alimenta su impudicia y arrastra su abyección. Y sin embargo, la revolución, incontenible, se encamina hacia la victoria.

El gobierno, desde Porfirio Díaz a Victoriano Huerta, no ha hecho más que sostener y proclamar la guerra de los ahítos y los privilegiados contra los oprimidos y los miserables, no ha hecho más que violar la soberanía popular, haciendo del poder una prebenda; desconociendo las leyes de la evolución, intentando detener a las sociedades y violando los principios más rudimentarios de la equidad arrebatando al hombre los más sagrados derechos que le dio la naturaleza. He allí explicada nuestra actitud, he allí explicado el enigma de nuestra indomable rebeldía y he allí propuesto, una vez más, el colosal problema que preocupa actualmente no solo a nuestros conciudadanos, sino también a muchos extranjeros. Para resolver este problema, no hay más que acatar la voluntad nacional, dejar libre la marcha a las sociedades y respetar los intereses ajenos y los atributos humanos.

Por otra parte, y concretando lo más posible, debemos hacer otras aclaraciones para dejar explicada nuestra conducta del pasado, del presente y del porvenir.

La nación mexicana es demasiado rica. Su riqueza, aunque virgen, es decir todavía no explotada, consiste en la agricultura y la minería; pero esa riqueza, ese caudal de oro inagotable, perteneciendo a más de quince millones de habitantes, se halla en manos de unos cuantos miles de capitalistas y de ellos una gran parte no son mexicanos. Por un refinado y desastroso egoísmo, el hacendado, el terrateniente y el minero, explotan esa pequeña parte de la tierra, del monte y de la vera, aprovechándose ellos de sus cuantiosos productos y conservando la mayor parte de sus propiedades enteramente vírgenes, mientras un cuadro de indescriptible miseria tiene lugar en toda la República. Es más, el burgués, no conforme con poseer grandes tesoros de los que a nadie participa, en su insaciable avaricia, roba el producto de su trabajo al obrero y al peón, despoja al indio de su pequeña propiedad y no satisfecho aún, lo insulta y golpea haciendo alarde del apoyo que le prestan los tribunales, porque el juez, única esperanza del débil, hállase también al servicio de la canalla; y ese desequilibrio económico, ese desquiciamiento social, esa violación flagrante de las leyes naturales y de las atribuciones humanas, es sostenida y proclamada por el gobierno, que a su vez sostiene y proclama pasando por sobre su propia dignidad, la soldadesca execrable.

El capitalista, el soldado y el gobernante habían vivido tranquilos, sin ser molestados, ni en sus privilegios ni en sus propiedades, a costa del sacrificio de un pueblo esclavo y analfabeta, sin patrimonio y sin porvenir, que estaba condenado a trabajar sin descanso y a morirse de hambre y agotamiento, puesto que, gastando todas sus energías en producir tesoros incalculables, no le era dado contar ni con lo indispensable siquiera para satisfacer sus necesidades más perentorias. Semejante organización económica, tal sistema administrativo que venía a ser un asesinato en masa para el pueblo, un suicidio colectivo para la nación y un insulto, una vergüenza para los hombres honrados y conscientes, no pudieron prolongarse por más tiempo y surgió la revolución, engendrada, como todo movimiento de las colectividades, por la necesidad. Aquí tuvo su origen el Plan de Ayala.

Antes de ocupar don Francisco I. Madero la presidencia de la República, mejor dicho, a raíz de los Tratados de Ciudad Juárez se creyó en una posible rehabilitación del débil ante el fuerte, se esperó la resolución de los problemas pendientes y la abolición del privilegio y del monopolio, sin tener en cuenta que aquel hombre iba a cimentar su gobierno en el mismo sistema vicioso y con los mismos elementos corruptos con que el caudillo de Tuxtepec, durante más de seis lustros, extorsionó a la nación. Aquello era un absurdo, una aberración, y sin embargo, se esperó porque se confiaba en la buena fe del que había vencido al dictador. El desastre, la decepción no se hicieron esperar. Los luchadores se convencieron entonces de que no era posible salvar su obra ni asegurar su conquista dentro de esa organización morbosa y apolillada, que necesariamente había de tener una crisis antes de derrumbarse definitivamente: la caída de Francisco I. Madero y la exaltación de Victoriano Huerta al poder.

En este caso y conviniendo en que no es posible gobernar al país con ese sistema administrativo sin desarrollar una política enteramente contraria a los intereses de las mayorías, y siendo, además, imposible la implantación de los principios por que luchamos, es ocioso decir que la Revolución del Sur y Centro, al mejorar las condiciones económicas, tiene, necesariamente, que reformar de antemano las instituciones, sin lo cual, fuerza es repetirlo, le será imposible llevar a cabo sus promesas.

Allí está la razón de por qué no reconoceremos a ningún gobierno que no nos reconozca y, sobre todo, que no garantice el triunfo de nuestra causa.

Puede haber elecciones cuantas veces se quiera; pueden asaltar, como Huerta, otros hombres la silla presidencial, valiéndose de la fuerza armada o de la farsa electoral, y el pueblo mexicano puede también tener la seguridad de que no arriaremos nuestra bandera ni cejaremos un instante en la lucha, hasta que, victoriosos, podamos garantizar con nuestra propia cabeza el advenimiento de una era de paz que tenga por base la justicia y como consecuencia la libertad económica.

Si como lo han proyectado esas fieras humanas vestidas de oropeles y listones, esa turba desenfrenada que lleva tintas en sangre las manos y la consciencia, realizan con mengua de la ley la repugnante mascarada que llaman elecciones, vaya desde ahora, no solo ante el nuestro sino ante los pueblos todos de la Tierra, la más enérgica de nuestras protestas, en tanto podamos castigar la burla sangrienta que se haga a la Constitución del 57.

Téngase, pues, presente que no buscaremos el derrocamiento del actual gobierno para asaltar los puestos públicos y saquear los tesoros nacionales, como ha venido sucediendo con los impostores que logran encumbrar a las primeras magistraturas, sépase de una vez por todas, que no luchamos contra Huerta únicamente, sino contra todos los gobernantes y los conservadores enemigos de la hueste reformista, y sobre todo, recuérdese siempre que no buscamos honores, que no anhelamos recompensas, que vamos sencillamente a cumplir el compromiso solemne que hemos contraído dando pan a los desheredados y una patria libre, tranquila y civilizada a las generaciones del porvenir.

Mexicanos: si esta situación anómala se prolonga; si la paz, siendo una aspiración nacional, tarda en volver a nuestro suelo y a nuestros hogares, nuestra será la culpa y no de nadie. Unámonos en un esfuerzo titánico y definitivo contra el enemigo de todos, juntemos nuestros elementos, nuestras energías y nuestras voluntades y opongámonos cual una barricada formidable a nuestros verdugos; contestemos dignamente, enérgicamente ese latigazo insultante que Huerta ha lanzado sobre nuestras cabezas; rechacemos esa carcajada burlesca y despectiva que el poderoso arroja, desde los suntuosos recintos donde pasea su encono y su soberbia, sobre nosotros, los desheredados que morimos de hambre en el arroyo.

No es preciso que todos luchemos en los campos de batalla, no es necesario que todos aportemos un contingente de sangre a la contienda, no es fuerza que todos hagamos sacrificios iguales en la revolución; lo indispensable es que todos nos irgamos resueltos a defender el interés común y a rescatar la parte de soberbia que se nos arrebata.

Llamad a vuestras conciencias; meditad un momento sin odio, sin pasiones, sin prejuicios, y esta verdad, luminosa como el Sol, surgirá inevitablemente ante vosotros: la revolución es lo único que puede salvar a la República.

Ayudad, pues, a la revolución. Traed vuestro contingente, grande o pequeño, no importa cómo; pero traedlo. Cumplid con vuestro deber y seréis dignos; defended vuestro derecho y seréis fuertes, y sacrificaos si fuere necesario, que después la patria se alzará satisfecha sobre un pedestal inconmovible y dejará caer sobre vuestra tumba un puñado de rosas.

Reforma, Libertad, Justicia y Ley

Campamento revolucionario
Morelos, 20 de octubre de 1912
El General en Jefe del Ejército Libertador del Sur y Centro

Acta de ratificación del Plan de Ayala

Los suscritos, jefes y oficiales del Ejército Libertador que lucha por el cumplimiento del Plan de Ayala, adicionado al de San Luis.

Considerando que en estos momentos en que el triunfo de la causa del pueblo es ya un hecho próximo e inevitable, precisa ratificar los principios que forman el alma de la revolución y proclamarlos una vez más ante la nación, para que todos los mexicanos conozcan los propósitos de nuestros hermanos levantados en armas.

Considerando que si bien esos propósitos están claramente consignados en el Plan de Ayala, estandarte y guía de la revolución, hace falta aplicar aquellos principios a la nueva situación creada por el derrocamiento del maderismo y la implantación de la dictadura huertista, toda vez que el Plan de Ayala, por razones de la época en que fue expedido, no pudo referirse sino al régimen creado por el General Díaz y a su inmediata continuación, el gobierno maderista, que solo fue la parodia de la burda falsificación de aquél.

Considerando: que si los revolucionarios no estuvimos ni pudimos estar conformes con los procedimientos dictatoriales del maderismo y con las torpes tendencias de éste, que sin escrúpulo abrazó al partido de los poderosos y engañó cruelmente a la gran multitud de los campesinos, a cuyo esfuerzo debió el triunfo, tampoco hemos podido tolerar, y con mayor razón hemos rechazado, la imposición de un régimen exclusivamente militar basado en la traición y el asesinato, cuya única razón ha sido el furioso deseo de reacción que anima a las clases conservadoras, las cuales, no satisfechas con las tímidas concesiones y vergonzosas componendas del maderismo, derrocaron a éste con el propósito bien claro de sustituirlo por un orden de cosas que ya sin compromiso alguno con el pueblo y sin el pudor que a todo gobierno revolucionario impone su propio origen, ahogarse para siempre las aspiraciones de los trabajadores y les hiciese perder toda esperanza de recobrar tierras y las libertades a que tienen indiscutible derecho.

Considerando: que ante la dolorosa experiencia del maderismo, que defraudó las mejores esperanzas, es oportuno, es urgente, hacer constar a la faz de la República que la revolución de 1910, sostenida con grandes sacrificios en las montañas del sur y en las vastas llanuras del norte, lucha por nobles y levantados principios, busca primero que nada, el mejoramiento económico de la gran mayoría de los mexicanos, y está muy lejos de combatir con el objeto de saciar vulgares ambiciones políticas o determinados apetitos de venganza.

Considerando: que la revolución debe proclamar altamente que sus propósitos son un favor, no de un pequeño grupo de políticos ansiosos de poder, sino en beneficio de la gran masa de los oprimidos y que por tanto, se opone y se opondrá siempre a la infame pretensión de reducirlo todo a un simple cambio en el personal de los gobernantes, del que ninguna ventaja sólida, ninguna mejoría positiva, ningún aumento de bienestar ha resultado ni resultará nunca a la inmensa multitud de los que sufren.

Considerando: que la única bandera honrada de la revolución ha sido y sigue siendo la del Plan de Ayala, complemento y aclaración indispensable del Plan de San Luis Potosí, pues solo aquel Plan consigna principios, condensa con claridad los anhelos populares y traduce en fórmulas precisas las necesidades económicas y materiales del pueblo mexicano, para lo cual huye de toda vaguedad engañosa, de toda reticencia culpable y de esa clase de escarceos propios de los políticos profesionales, hábiles siempre para seducir a las muchedumbres con grandes palabras vacías de todo sentido y de tal modo elásticas, que jamás comprometen a nada y siempre permiten ser eludidas.

Considerando: que el Plan de Ayala no solo es la expresión genuina de los más vivos deseos del pueblo mexicano, sino que ha sido aceptado, expresa o tácitamente, por la casi totalidad de los revolucionarios de la República, como lo comprueban las cartas y documentos que obran en el archivo del Cuartel General de la Revolución.

Considerando: que la reciente renuncia de Victoriano Huerta no puede modificar en manera alguna la actitud de los revolucionarios, toda vez que el presidente usurpador, en vez de entregar a la revolución los poderes públicos, solo ha pretendido asegurar la continuación del régimen por él establecido al imponer en la presidencia, por un acto de su voluntad autócrata, al licenciado Francisco Carvajal, persona de reconocida filiación científica y que registra en su oscura vida política el hecho, por nadie olvidado, de haber sido uno de los principales instigadores de los funestos Tratados de Ciudad Juárez, lo que lo acredita como enemigo de la causa revolucionaria.

Considerando: que la revolución no puede reconocer otro presidente provisional que el que se nombre por los jefes revolucionarios de las diversas regiones del país en la forma establecida por el artículo 12.º del Plan de Ayala, sin que pueda transigir en forma alguna con un presidente impuesto por el usurpador Victoriano Huerta ni con las espurias cámaras legislativas nombradas por éste.

Considerando: que por razón de la debilidad del gobierno y la completa desmoralización de sus partidarios, así como por el incontenible empuje de la revolución, el triunfo de ésta es únicamente cuestión de días, y precisamente por esto es hoy más necesario que nunca reafirmar las promesas y exigir las reivindicaciones, los suscritos cumplen con un deber de lealtad hacia la República al hacer las siguientes declaraciones, que se obligan a sostener con el esfuerzo de su brazo y, si es preciso, aún a costa de su sangre y de su vida.

Primera. La revolución ratifica todos y cada uno de los principios consignados en el Plan de Ayala, y declara solemnemente que no cesará en sus esfuerzos sino hasta conseguir que aquéllos, en la parte relativa a la cuestión agraria, queden elevados al rango de preceptos constitucionales.

Segunda. De conformidad con el artículo 3.º del Plan de Ayala, y en vista de que el ex General Pascual Orozco, que allí se reconocía como Jefe de la Revolución, ha traicionado villanamente a ésta, se declara que asume en su lugar la jefatura de la revolución el C. General Emiliano Zapata, a quien el referido artículo 3.º designa para ese alto cargo, en defecto del citado ex General Orozco.

Tercera. La revolución hace constar que no considerará concluida su obra sino hasta que, derrocada la administración actual y eliminados de todo participio en el poder los servidores del huertismo y las demás personalidades del antiguo régimen, se establezca un gobierno compuesto de hombre adictos al Plan de Ayala que lleven desde luego a la práctica las reformas agrarias, así como los demás principios y promesas incluidos en el referido Plan de Ayala, adicionado al de San Luis.

Los suscritos invitan cordialmente a todos aquellos compañeros revolucionarios que por encontrarse a gran distancia no se hayan aún expresamente adherido al Plan de Ayala, a que desde luego firmen su adhesión a él, para que la protesta de su eficaz cumplimiento sirva de garantía al pueblo luchador y a la nación entera que vigila y juzga nuestros actos.

Reforma, Libertad, Justicia y Ley

Campamento Revolucionario

San Pablo Oxtotepec, 19 de junio de 1914

Generales: Eufemio Zapata, Francisco V. Pacheco, Genovevo de la O., Amador Salazar, Ignacio Maya, Francisco Mendoza, Pedro Saavedra, Aurelio Bonilla, Jesús H. Salgado, Julián Blanco, Julio A. Gómez, Otilio E. Montaño, Jesús Capistrán, Francisco M. Castro, S. Crispin Galeana, Fortino Ayaquica, Francisco A. García, Ingeniero Ángel Barrios, Enrique Villa, Heliodoro Castillo, Antonio Barona, Juan M. Banderas, Bonifacio García, Encarnación Díaz, Licenciado Antonio Díaz Soto y Gama, Reynaldo Lacona.

Coroneles: Santiago Orozco, Jenaro Amezcua, José Hernández, Agustín Cortés, Trinidad A. Paniagua, Everardo González, Vicente Rojas.

Al pueblo mexicano

El movimiento revolucionario ha llegado a su periodo culminante y, por lo mismo, es ya hora de que el país sepa la verdad, toda la verdad.

La actual revolución no se ha hecho para satisfacer los intereses de una personalidad, de un grupo o de un partido. La actual revolución reconoce orígenes más hondos y va en pos de fines más altos.

El campesino tenía hambre, padecía miseria, sufría explotación, y si se levantó en armas fue para obtener el pan que la avidez del rico le negaba; para adueñarse de la tierra que el hacendado, egoístamente guardaba para sí; para reivindicar su dignidad, que el negrero atropellaba inicuamente todos los días. Se lanzó a la revuelta no para conquistar ilusorios derechos políticos que no dan de comer, sino para procurar el pedazo de tierra que ha de proporcionarle alimento y libertad, un hogar dichoso y un porvenir de independencia y engrandecimiento.

Se equivocan lastimosamente los que creen que el establecimiento de un gobierno militar, es decir despótico, será lo que asegure la pacificación del país. Esta solo podrá obtenerse si se realiza la doble operación de reducir a la impotencia a los elementos del antiguo régimen y de crear intereses nuevos, vinculados estrechamente con la revolución, que le sean solidarios, que peligren si ella peligra y prosperen si aquella se establece y consolida.

La primera labor, la de poner al grupo reaccionario en la imposibilidad de seguir siendo un peligro, se consigue por dos medios diversos: por el castigo ejemplar de los cabecillas, de los directores intelectuales y de los elementos activos de la facción conservadora, y por el ataque dirigido contra los recursos pecuniarios de que aquellos disponen para producir intrigas y provocar revoluciones; es decir: por la confiscación de las propiedades de aquellos políticos que se hayan puesto al frente de la resistencia organizada contra el movimiento popular que, iniciado en 1910, ha tenido su coronamiento en 1914, después de pasar por las horcas caudinas de Ciudad Juárez y por la crisis reaccionaria de La Ciudadela, trágicamente desenlazada por la dictadura huertista.

En apoyo de esta confiscación existe la circunstancia de que la mayor parte, por no decir la totalidad, de los predios que habrá que nacionalizar representan intereses improvisados a la sombra de la dictadura porfirista, con grave lesión de los derechos de una infinidad de indígenas, de pequeños propietarios, de víctimas de toda especie, sacrificadas brutalmente en aras de la ambición de los poderosos.

La segunda labor, o sea, la creación de poderosos intereses afines a la revolución y solidarios con ella, se llevará a feliz término si se restituye a los particulares y a las comunidades indígenas los terrenos de que han sido despojados por los latifundistas, y si este gran acto de justicia se completa, en obsequio de los que nada poseen ni han poseído, con el reparto proporcional de las tierras decomisadas a los cómplices de la dictadura o expropiadas a los propietarios perezosos que no quieren cultivar sus heredades. Así se dará satisfacción al hambre de tierras y al rabioso apetito de libertad que se dejan sentir de un confín a otro de la República, como respuesta formidable al salvajismo de los hacendados, quienes han mantenido en pleno siglo XX, y en el corazón de la libre América, un sistema de explotación que apenas soportarían los más infelices siervos de la edad europea.

El Plan de Ayala, que traduce y encarna los ideales del pueblo campesino da satisfacción a los dos términos del problema, pues a la vez que trata como se merecen a los jurados enemigos del pueblo, reduciéndolos a la impotencia y a la inocuidad por medio de la confiscación, establece en sus artículos 6.º y 7.º los dos grandes principios de la devolución de las tierras robadas (acto exigido, a la vez, por la justicia y la conveniencia).

Quitar al enemigo los medios de dañar, fue la sabia política de los reformadores del 57, cuando despojaron al clero de sus inmensos caudales, que solo le servían para fraguar conspiraciones y mantener al país en perpetuo desorden con aquellos levantamientos militares que tan grande parecido tienen con el último cuartelazo, fruto, también, del acuerdo entre militares y reaccionarios.

Y en cuanto a la obra reconstructora de la revolución, o sea, la de crear un núcleo de intereses que sirvan de soporte a la nueva obra, esa fue la tarea de la revolución francesa, no igualada hasta hoy en fecundos resultados, puesto que ella repartió entre millares de humildes campesinos las vastas heredades de los nobles y de los clérigos, hasta conseguir que la multitud de los favorecidos se adhiriese con tal vigor a la obra revolucionaria que ni Napoleón, con todo y su genio, ni los Borbón, con su aristocrática intransigencia, lograron nunca desarraigarla del cuerpo y del alma de la nación francesa.

Es cierto que los ilusos creen que el país va a conformarse (como no se conformó en 1910) con una pantomima electoral de la que surjan hombres en apariencia nuevos, que vayan a ocupar los curules, los escaños de la Corte y el alto solio de la presidencia; pero, los que así juzgan parecen ignorar que el país ha cosechado, en las crisis de los últimos cuatro años, enseñanzas inolvidables, que no le permiten ya perder el camino, y un profundo conocimiento de las causas de su malestar y de los medios de combatirlas.

El país no se dará por satisfecho —podemos estar seguros— con las tímidas reformas candorosamente esbozadas por el licenciado Isidro Fabela, Ministro de Relaciones del gobierno carrancista, que no tiene de revolucionario más que el nombre, puesto que ni comprende ni siente los ideales de la revolución; no se conformará el país con tan solo la abolición de las tiendas de raya si la explotación y el fraude han de subsistir bajo otras formas; no se satisfará con las libertades municipales, bien problemáticas, cuando falta la base de la independencia económica, y menos podrá halagarlo un mezquino programa de reformas a las leyes sobre impuesto a las tierras, cuando lo que urge es la solución radical del problema relativo al cultivo de éstas.

El país quiere algo más que todas las vaguedades del señor Fabela, patrocinadas por el silencio del señor Carranza, quiere romper de una vez con la época feudal; que es ya un anacronismo; quiere destruir de un tajo las relaciones de señor a siervo y de capataz a esclavo, que son las únicas que imperan en materia de cultivos, desde Tamaulipas hasta Chiapas y de Sonora a Yucatán.

El pueblo de los campos quiere vivir la vida de la civilización, trata de respirar el aire de la libertad económica, que hasta aquí ha desconocido y la que nunca podrá adquirir si deja en pie el tradicional señor de horca y cuchillo, disponiendo a su antojo de las personas de sus jornaleros, extorsionándolos con la norma de los salarios, aniquilándolos con tareas excesivas, embruteciéndolos con la miseria y el mal trato, empequeñeciendo y agotando su raza con la lenta agonía de la servidumbre, con el forzoso marchitamiento de los seres que tienen hambre, de los estómagos y de los cerebros que están vacíos.

Gobierno, militar primero y parlamentario después, reformas en la administración para que quede reorganizada, pureza ideal en el manejo de los fondos públicos; responsabilidades oficiales escrupulosamente exigidas; libertad de imprenta para los que no saben escribir; libertad de votar para los que no conocen a los candidatos; correcta administración de justicia para los que jamás ocuparon a un abogado. Todas estas bellezas democráticas, todas esas grandes palabras con que nuestros abuelos y nuestros padres se deleitaron, han perdido hoy su mágico atractivo y su significación para el pueblo. Este ha visto que con elecciones y sin elecciones, con sufragio efectivo y sin él, con dictadura porfiriana y con democracia maderista, con prensa amordazada y con libertinaje de la prensa, siempre y de todos modos él sigue rumiando sus amarguras, padeciendo sus miserias, devorando sus humillaciones inacabables, y por eso teme, con razón, que los libertadores de hoy vayan a ser iguales a los caudillos de ayer, que en Ciudad Juárez abdicaron de su hermoso radicalismo y en el Palacio Nacional echaron en olvido sus seductoras promesas.

Por eso, la revolución agraria, desconfiando de los caudillos que a sí mismos se disciernen el triunfo, ha adoptado como precaución y como garantía el principio justísimo de que sean todos los jefes revolucionarios del país los que elijan al Primer Magistrado, al presidente interino que debe convocar a elecciones, porque bien sabe que del interinato depende el porvenir de la revolución y, con ella, la suerte de la República.

¿Qué cosa más justa que la de que todos los intereses, los jefes de los grupos combatientes, los representantes revolucionarios del pueblo levantado en armas, concurran a la designación del funcionario en cuyas manos ha de quedar el tabernáculo de las promesas revolucionarias, en ara santa de los anhelos populares? ¿Por qué la imposición de un hombre a quien nadie ha elegido? ¿Por qué el temor de los que a sí mismos se llaman constitucionalistas para sujetarse al voto de la mayoría, para rendir tributo al principio democrático de la libre discusión del candidato por parte de los interesados?

El procedimiento, a más de desleal, es peligroso, porque el pueblo mexicano ha sacudido su indiferencia, ha recobrado su brío y no será él quien permita que a sus espaldas se fragüe la erección de su propio gobierno.

Todavía es tiempo de reflexionar y de evitar el conflicto. Si el jefe de los constitucionalistas se considera con la popularidad necesaria para resistir la prueba de la sujeción al voto de los revolucionarios, que se someta a ella sin vacilar.

Y si los constitucionalistas quieren en verdad al pueblo y conocen sus exigencias, que rindan homenaje a la voluntad soberana aceptando con sinceridad y sin reticencias los tres grandes principios que consigna el Plan de Ayala: expropiación de tierras por causa de utilidad pública, confiscación de bienes a los enemigos del pueblo y restitución de sus terrenos a los individuos y comunidades despojados.

Sin ellos —pueden estar seguros— continuarán las masas agitándose, seguirá la guerra en Morelos, en Guerrero, en Puebla, en Oaxaca, en México, en Tlaxcala, en Michoacán, en Hidalgo, en Guanajuato, en San Luis Potosí, en Tamaulipas, en Durango, en Zacatecas, en Chihuahua, en todas partes en donde haya tierras repartidas o por repartir, y el gran movimiento del sur, apoyado por toda la población campesina de la República, proseguirá como hasta aquí venciendo oposiciones y combatiendo resistencias, hasta arrancar, al fin, con las manos de sus combatientes los jirones de justicia, los pedazos de tierra que los falsos libertadores se hallan empeñados en negarle.

La revolución agraria, calumniada por la prensa, desconocida por la Europa, comprendida con bastante exactitud por la diplomacia americana y vista con poco interés por las naciones hermanas de Sudamérica levanta en alto la bandera de sus ideales para que la vean los engañados, para que la contemplen los egoístas y los perversos que no quieren oír los lamentos del pueblo que sufre, los ayes de las madres que perdieron a sus hijos, los gritos de rabia de los luchadores que no quieren ver, que no verán, destruidos sus anhelos de libertad y su glorioso ensueño de redención para los suyos.

Reforma, Libertad, Justicia y Ley

Campamento revolucionario

Milpa Alta, agosto de 1914

El General en Jefe del Ejército Libertador, Emiliano Zapata.

Generales: Eufemio Zapata, Francisco V. Pacheco, Genovevo de la O, Amador Salazar, Francisco Mendoza, Pedro Saavedra, Aurelio Bonilla, Jesús H. Delgado, Julián Blanco, Julio A. Gómez, Otilio E. Montaño, Jesús Capistrán, Francisco M. Castro. S. Crispín Galeana, Fortino Ayaquica, Francisco A. García, Mucio Bravo, Lorenzo Vázquez, Abraham García, Encarnación Díaz, licenciado Antonio Díaz Soto y Gama, Reynaldo Lecona.

Coroneles: Santiago Orozco, Jenaro Amezcua, José Hernández, Agustín Cortés, Trinidad A. Paniagua, Everardo González, Vicente Rojas.

Manifiesto al pueblo

El pueblo mexicano ha sido constantemente engañado por sus gobernantes, y lo que es peor, por hombres que llamándose sus caudillos, han
sido los primeros en traicionarlo, una vez conseguida la victoria. Unos y
otros le han impuesto enormes sacrificios y han tenido que contraer one-
rosos e indignos compromisos con los potentados de la República o del
extranjero, para hacer frente a la necesidad de adquirir cantidades fabu-
losas de dinero, armas y toda clase de elementos de guerra, con ayuda de
los cuales han pretendido contener, aunque en vano, el empuje arrollador
de las multitudes, ansiosas de tierra, de libertad y de justicia.

La revolución del sur, siempre pura y altiva, jamás ha ido a humillarse ante
un gobierno extranjero, para solicitar como un mendigo, armamento, parque
o recursos pecuniarios, y sin embargo, teniendo que luchar con un enemigo
dotado de poderosos elementos, debido al favor de los extraños, ha con-
seguido arrebatarle palmo a palmo, y en lucha desigual, una vasta zona del
territorio de la República.

Nuestras tropas dominan hoy, merced al heroico e incontenible esfuerzo
de los hijos del pueblo, en los Estados de Morelos, Guerrero, Puebla, Veracruz, México, Querétaro, Guanajuato y Michoacán, en todos los cuales el
enemigo solo es dueño, en posesión precaria, de las capitales y de las vías
férreas; excepción hecha de los Estados de Morelos y Guerrero, de donde
el enemigo ha sido desalojado totalmente.

Las derrotas y los reveses se suceden contra el carrancismo uno y otro
día, en el norte, tanto como en el centro y en el sur; las defecciones de
los suyos son cada vez más numerosas y más significativas; la desbandada
ha empezado y adquiere a cada momento mayores proporciones, grandes
partidas y cuerpos enteros desertan o se rinden a nuestras fuerzas, o pasan
a incorporarse en las filas de nuestros hermanos, los bravos luchadores del
norte.

Sumando todos estos síntomas al absoluto desprestigio de la odiada facción, indican que el organismo carrancista ha entrado en plena descomposición y que su agonía se acerca a toda prisa.

Es por lo mismo, un deber para el Ejército Libertador, formular ante el país, franca y solemnemente, el programa de acción que se propone desarrollar una vez obtenido el triunfo.

Afortunadamente, los errores y los fracasos del carrancismo, bien visibles por cierto, nos marcan con toda precisión el camino, y ahorrarán a la nación el espectáculo de nuevos y formidables desaciertos.

Fresco todavía en nuestra memoria, el recuerdo de cómo se inició la catástrofe financiera del carrancismo, nosotros no incurriremos por ningún motivo en la infamia de explotar miserablemente a ricos y pobres, declarando de circulación forzosa determinado papel moneda, para en seguida desconocerlo sin el menor respeto para la palabra empeñada y los compromisos contraídos.

La cuestión del papel moneda es problema resuelto ya por la experiencia de los siglos. Su emisión produjo en época pasada una tremenda bancarrota en Inglaterra, la provocó aún mayor en la República francesa, durante la Gran Revolución, e idéntico desastre originó no hace muchos años, cuando los Estados Unidos y la Argentina intentaron la misma aventura, para hacer frente a dificultades económicas análogas a las nuestras.

Sabemos también que mientras persista la actual organización económica social del mundo, es un absurdo atentar contra la libertad del comercio, como lo ha hecho en forma brutal el carrancismo, reduciendo a prisión y sacando a la vergüenza pública a pacíficos comerciantes que se defendían contra las medidas gubernativas. No hemos de ser nosotros, ciertamente, los que cometamos la torpeza de agravar con esos procedimientos, la carestía de todos los artículos y la miseria para las clases populares, siempre más castigadas que la gente pudiente, en las épocas de las grandes crisis.

El carrancismo ha implantado el terror como régimen de gobierno, y desplegado a los cuatro vientos, el odioso estandarte de la intransigencia contra todos y para todo. Nuestra conducta será muy distinta: comprendemos que el pueblo está ya cansado de horripilantes escenas de odio y de venganza, no quiere ya sangre inútilmente derramada, ni sacrificios exigidos a los pueblos por el solo deseo de dañar, o simplemente para satisfacer insaciables apetitos de rapiña.

La nación exige un gobierno reposado y sereno, que dé garantías a todos y no excluya a ningún elemento sano, capaz de prestar servicios a la revolución y a la sociedad. Por lo tanto, en nuestras filas daremos cabida a todos los que de buena fe pretendan laborar con nosotros, y a este fin, el Cuartel General a mi cargo, ha expedido ya una amplia Ley de Amnistía, para que a ella se acojan los engañados por las patrañas del Primer Jefe, y en general los hombres que por inconsciencia o por error hayan prestado su concurso para sostener la presente dictadura, que a todos ha mentido y no ha logrado satisfacer las aspiraciones de nadie. Díganlo, si no, la renuncia de Cándido Aguilar y la separación o el alejamiento de tantos otros jefes que sucesivamente han ido abandonando el carrancismo, para dedicarse a la vida privada o lanzarse a la revolución.

Nuestra obra será, pues, ante todo, una labor de unificación y de concordia. Seremos intransigentes y radicales, solamente en lo que atañe a la cuestión de principios; pero fuera de allí, nuestro espíritu estará abierto a todas las simpatías, y nuestra voluntad pronta a aceptar todas las colaboraciones, si son honradas y se muestran sinceras.

Unir a los mexicanos por medio de una política generosa y amplia, que de garantías al campesino y al obrero, lo mismo que al comerciante, al industrial y al hombre de negocios; otorgar facilidades a todos los que quieran mejorar su porvenir y abrir horizontes más vastos a su inteligencia y a sus actividades; proporcionar trabajo a los que hoy carecen de él; fomentar el establecimiento de industrias nuevas, de grandes centros de producción, de poderosas manufacturas que emancipen al país de la dominación económica del extranjero; llamar a todos a la libre explotación de la tierra y de nuestras riquezas naturales; alejar la miseria de los hogares y procurar el mejoramiento intelectual de los trabajadores creándoles más altas aspiraciones, tales son los propósitos que nos animan en esta nueva etapa que ha de conducirnos, seguramente, a la realización de nobles ideales, sostenidos sin desmayar durante seis años, a costa de los mayores sacrificios.

La nación lo sabe perfectamente. Nuestra lucha es únicamente contra los latifundistas, esos despiadados explotadores del trabajo humano, que han impedido a la raza indígena salir de su letargo, y han provocado sistemáticamente la carestía de las cosechas, la miseria periódica y el hambre endémica en nuestro país, cuyo suelo debiera alimentar pródigamente a sus hijos y que hasta aquí solo ha podido sostener a una endeble nación de famélicos.

Cumplir el Plan de Ayala es nuestro único y gran compromiso, allí radicará toda nuestra intransigencia. En todo lo demás nuestra política será de tolerancia y atracción, de concordia y de respeto para todas las libertades.

Como tantas veces lo hemos dicho y no cesaremos de repetirlo, la revolución la ha hecho el pueblo, no para ayudar a los ambiciosos ni para satisfacer determinados intereses políticos, sino por estar ya cansado de una situación sostenida por todos los gobiernos durante siglos, y en la que se le negaba hasta el derecho de vivir, hasta el derecho de poseer el más mínimo pedazo de tierra que pudiera proporcionarle el sustento, con lo que se le condenaba, de hecho, a ser un esclavo en su propia patria, o un miserable pordiosero en la misma sociedad que lo viera nacer.

Por esta necesidad de vivir como hombre libre, por ese imperioso derecho de poseer una tierra que sea suya, ha luchado y luchará hasta el fin el pueblo mexicano.

Los que hasta aquí han estorbado su triunfo han sido y son los caudillos ambiciosos que, diciéndose directores de la revolución, la han hecho fracasar momentáneamente y han provocado la prolongación de la lucha, al negarse a dar al pueblo lo que pide y lo que tendrá, a pesar de todas las intrigas y de todas las miserias de la política.

Firmes, pues, en nuestro propósito de hacer triunfar la causa de la justicia y deseosos de que todos vean la honradez y la seriedad con que la revolución procede, cuidemos en esta vez, con mayor empeño que las anteriores, de otorgar amplias y cumplidas garantías a la población pacífica, cuyos intereses, personas y familias serán escrupulosamente respetados. Nuestro mayor orgullo consistirá en aventajar a nuestros enemigos en cultura, en dar ejemplo a todas las facciones y en ser los primeros en inaugurar una era de completo orden, de positiva libertad y de amplia y verdadera justicia.

Reforma, Libertad, Justicia y Ley
Cuartel General de la Revolución
Tlaltizapán, Morelos, 20 de abril de 1917
El General en Jefe, Emiliano Zapata

A los revolucionarios de la República
Tiempo es ya de percibir la verdad y aceptarla honradamente.

El maquiavelismo de Carranza y de algunos de sus conocidos consejeros, ha logrado mantener divididos a los revolucionarios y empujar a los unos contra los otros.

Con bien premeditada insidia, Carranza trató de hacer creer a una buena parte del pueblo mexicano, que eran y son reaccionarios y por lo mismo partidarios del retroceso, los campesinos que piden tierras, los indígenas que claman por la redención de su raza, los hombres del campo que valerosamente pugnan por sacudir el yugo secular del cacique y del hacendado; en una palabra, los luchadores todos que irguiendo como bandera el Plan de Ayala, se esfuerzan por destruir, aunque sea a costa de sus vidas, la más ominosa de las tiranías que la humanidad ha conocido: la tiranía del señor feudal sobre los siervos de la gleba.

Parapetado en esta criminal mentira y ayudado por esa pérfida propaganda, logró Carranza hasta hace poco tener extraviada a la opinión y producir un cisma en el campo revolucionario.

Hombres que en el fondo abrigaban los mismos ideales, se vieron divididos y formando parte de bandos opuestos. Sobrevino la pugna, y los revolucionarios de las ciudades, cegados muchos de ellos por el funesto error, se lanzaron coléricos sobre los revolucionarios de los campos. Los que pedían reformas obreras, legislación progresista, libertad de sufragio, supresión de monopolios, revisión de concesiones gubernativas, iban en contra de los que por su parte pugnaban por la destrucción del peor de todos los monopolios, el de la tierra, y por la abolición de la más monstruosa de las concesiones, la de explotar indefinidamente y por los siglos de los siglos, a un rebaño de hombres uncidos al yugo de la hacienda, y cuya esclavitud pasaba y pasa de padres a hijos, a manera de abominable herencia que es oprobio y mengua para nuestra civilización.

Tres años de lucha, tres años de sangrientos conflictos, en medio de los cuales han estado a punto de perecer los principios revolucionarios, son por sí solos demasiado elocuentes, constituyen ya una experiencia bastante dolorosa, para que sea permitido perseverar en el error.

Con Carranza va la revolución al abismo. Sin Carranza, que es el estorbo, se obtendrá la unificación revolucionaria, y con ella el triunfo definitivo, la anhelada victoria del ideal reformista.

Carranza ha exhibido con demasiada claridad su traición a los principios proclamados, para que sea posible que cualquier hombre honrado vacile.

Ha devuelto los bienes confiscados, ha reconstruido el latifundismo, ha conculcado el sufragio, ha impuesto gobernadores, ha inaugurado una era de escandaloso nepotismo y lo que es peor, por medio de la falsificación de las elecciones municipales y de su absoluto dominio sobre los gobernadores, prepara la formación de cámaras legislativas que ciegamente obedezcan su voluntad y acaten sin vacilar sus consignas.

Cada día que pasa, hace el nuevo dictador un nuevo progreso en la vía del despotismo y del gobierno absoluto. Por eso los que hasta aquí le han sostenido han acabado por ver claro en sus manejos, han descubierto el fondo de sus intenciones y no pueden ya honradamente hacerse cómplices, por su inacción o por su indiferencia, del inevitable advenimiento de un régimen dictatorial, tan oprobioso o más que el antiguo, cuya creación elabora Carranza, sin disimular poco o mucho sus procedimientos.

Por esta razón, los hombres que no ha mucho se mostraban como los más adictos de Carranza y los mejor dispuestos a sostenerlo, reparan hoy su falta y abandonan al traidor. Así lo han hecho los Generales Francisco Coss, Luis Gutiérrez, Lucio Blanco, Dávila Sánchez y varios otros, como es bien sabido por toda la República.

El varonil ejemplo de esos jefes plantea ante la conciencia de sus compañeros de armas, este ineludible dilema: o con Carranza, para acompañarlo hasta la ignominia, haciéndose solidario de su traición; o contra Carranza, para salvar los principios, y con ellos a la República, que se debate y se desangra en una lucha inacabable y estéril.

La unificación revolucionaria se impone, y para lograr ese propósito, para conseguir el acercamiento de las facciones hoy en pugna, hace falta tan solo que los revolucionarios de los diversos bandos, cumplan con el deber que la situación imperiosamente marca: eliminar la personalidad de Carranza, que ha traicionado a la revolución y que ha provocado la justa rebeldía de muchos millares de revolucionarios que jamás transigirán con él ni aceptarán su despotismo.

Las bases de esa unificación son perfectamente claras: además de la imprescindible aceptación de las reformas agrarias exigidas por el pueblo campesino y consignadas en el Plan de Ayala, que es su bandera, los jefes revolucionarios de todo el país señalarán de común acuerdo las reformas políticas o sociales que son necesarias en materia de administración de justicia, en la cuestión obrera, en el sistema electoral y en la parte necesaria para la adopción del sistema del parlamentarismo, no menos que en las concernientes a la libertad municipal, al régimen hacendario, a la revisión de concesiones, a la responsabilidad oficial y a otros muchos importantísimos asuntos.

En cuanto al nombramiento de presidente provisional de la República, será hecho a mayoría de votos, por los jefes revolucionarios del país, en junta que se celebrará al efecto.

Sobre la base del común acuerdo y llevando por norma la sinceridad y la honradez, la revolución agraria invita a todos los verdaderos revolucionarios de la República, cualquiera que sea su actual filiación política a consumar la magna obra de la unificación revolucionaria, cuya trascendencia y necesidad todos sentimos.

Al obrar así el sur no hace más que ser consecuente consigo mismo y con su anterior conducta, pues hace ya tres años, en los momentos en que la contienda era más encarnizada, propuso también a los bandos combatientes el término de la lucha, y señaló desde entonces, como único obstáculo para la concordia, la permanencia de Carranza en el poder.

Sin variar, pues, de conducta, y sí afirmándola una vez más, los revolucionarios del sur reiteran su cordial invitación a todos los que sientan como ellos el ideal revolucionario, y haciendo formal apelación a su honor y a su patriotismo, exhortan a todos aquellos que hasta aquí han sido engañados por Carranza a volver a las filas de la verdadera revolución, de la auténtica, de la que sigue sosteniendo las reivindicaciones de 1910, de 1911 y de 1913, a efecto de que unidos todos por la fraternidad y por el esfuerzo, realicemos la labor que nos hemos impuesto, de cumplir al pueblo lo que tenemos ofrecido y que los tiranos una y otra vez nos han impedido otorgarle: tierra, justicia y libertad, paz, prosperidad y trabajo.

Reforma, Libertad, Justicia y Ley
Cuartel General
Tlaltizapán, Morelos, 27 de diciembre de 1917
El General en Jefe del Ejército Libertador, Emiliano Zapata

Al pueblo

El instinto popular no se halla engañado, la intuición campesina tenía razón. Carranza, hombre de antesalas, legítima hechura del pasado, imbuido de las enseñanzas de la corte porfirista, acostumbrado a ideas y prácticas de servilismo y de aristocracia, entendiendo por política el arte de engañar y considerando como el mejor de todos los gobernantes el que con más seguridad sepa imponer su voluntad omnímoda; Carranza el anticuado, Carranza el vetusto, no estaba en condiciones de comprender los tiempos nuevos y las nuevas aspiraciones.

Imposible que él, formado sobre los moldes porfirianos, encarnase las ideas de una juventud deseosa de reformas; y más inconcebible todavía y más absurdo, que él llegara a ser el intérprete y el representante de esa fogosa generación que llena de confianza en sí misma, se levantó en 1910 y volvió a erguirse en 1913, sacudiendo yugos, rechazando preocupaciones, imponiendo principios, arrasando aquí desigualdades, derribando allá exclusivismos, y clamando por el advenimiento de una nueva era que diese justicia y libertad a los oprimidos, y enérgica y virilmente refrenase los abusos, las invasiones y las ansias de dominio de esa audaz oligarquía de acaudalados que protegiera Porfirio Díaz.

El desengaño tenía que venir, y vino, para los que creyeron en la honradez del ex-gobernador de Coahuila.

Carranza terrateniente y rapaz, devolvió a poco andar los bienes confiscados y reconstruyó el latifundismo que la revolución con sus garras de acero había hecho polvo.

Carranza, discípulo de Porfirio Díaz, no ha tardado en instaurar un nuevo despotismo, en que se reproducen los procedimientos puestos en práctica por la vieja dictadura.

Carranza, ambicioso y egoísta, ha pretendido convertir en canonjías para los suyos, en negocios lucrativos y en personalismos odiosos las conquistas

45

de una revolución que era y es enemiga de toda burocracia, que proclamó libertades y vía libre para la gran masa de postergados, y que en sus anhelos generosos, excluye todo favoritismo y va a chocar contra todo privilegio de casta, de facción o de camarilla.

Las imposiciones de gobernadores y los chanchullos electorales han sido y son cosa corriente. Hemos visto al yerno del llamado presidente de la República, ser impuesto como gobernador de Veracruz; a su ex-Jefe de Estado Mayor, ser designado autocráticamente para gobernador constitucional de San Luis Potosí y a uno de sus ex-secretarios particulares, ser elevado en medio de la general protesta, a la gubernatura de Coahuila; sin más méritos de todos ellos que los de haber sido lacayos del actual dictador.

De los principios revolucionarios nada queda en pie. Las tierras no se han repartido, los campesinos no han sido emancipados, la raza indígena continúa irredenta.

Y como la inmensa mayoría de los revolucionarios han sido y son revolucionarios, y siguen creyendo en un principio de libertad, la indignación ha estallado y la rebelión ha ido creciendo. Si ayer —en 1915— abarcaba seis o siete Estados, hoy el movimiento insurreccional contra Carranza domina toda la República no hay un rincón en ella donde no palpite el alma de la revolución, de la verdadera, de la indomable, de la incorruptible, de la que ha entusiasmado a todas las almas y sacudido todos los espíritus, desde la etapa inicial de 1910, y que obstruccionada unas veces y traicionada otras, ha seguido y seguirá arrolladoramente su curso, hasta que sean una realidad tangible todas y cada una de sus reivindicaciones.

Unificación revolucionaria mediante la eliminación de Carranza, tal es la común aspiración de todos los revolucionarios de verdad.

Así lo han comprendido, así lo sienten aún los que en un principio creyeron en Carranza y fueron sus partidarios o sus amigos.

Francisco Coss, el jefe coahuilense que en 1914 fue el primero en desconocer a la Convención y protestar su adhesión a Carranza; Luis Gutiérrez, el conocido General que siguió siendo adicto al Primer Jefe, aún después de que la Convención hubo nombrado presidente provisional de la República a su propio hermano, Eulalio Gutiérrez; Dávila Sánchez, Lucio Blanco y muchos otros connotados defensores del carrancismo, han sabido volver por los fueros de su honor como revolucionarios, y se han declarado ya en abierta rebeldía contra el hombre que villanamente los engañara.

Carranza, aborrecido por la opinión y abandonado por los suyos, a quienes miserablemente ha mentido, se debate angustiosamente en una asfixiante atmósfera de desprestigio y de impopularidad. Lo odia el pueblo, porque ha sido el causante de la miseria, del hambre y de la falta de trabajo; lo abominan los hombres de empresa, porque se ha mostrado incapaz de dar garantías y con su obcecación ha impedido el aseguramiento de la paz; lo maldicen los campesinos, porque les ha arrebatado las tierras de sus mayores para entregarlas a los latifundistas; reniegan de él los obreros, porque ha atropellado el derecho de huelga, porque pone obstáculos a la libre discusión de los temas sociales y patrocina sin escrúpulos los más odiosos atentados del militarismo.

Los candidatos derrotados por causa de las consignas oficiales, los ciudadanos que vieron burlado su voto en los comicios, los revolucionarios injustamente postergados, los luchadores de buena fe que han presenciado el derrumbe de sus creencias y han ido a chocar contra el hecho brutal de la dictadura. Todos, militares y civiles, reformadores sociales y simples demócratas liberales y socialistas, hombres de acción y enamorados platónicos del ideal revolucionario; unos y otros, ante el desastre sufrido por los principios, ante los atropellos de la soldadesca, ante las bellacas imposiciones de gobernadores y caciques, ante la eliminación de los elementos sanos y la invasión de los puestos públicos por un Macias, un Palavicini, un Rafael Nieto, un Gerzayn Ugarte o un Luis Cabrera, protestan airados contra los autores de semejante desconcierto, y en nombre de la patria amenazada de muerte, prescinden ya de criminales personalidades y buscan anhelantes la suprema esperanza de salvación: La unificación de todos los elementos revolucionarios, la unión en apretado haz de todas las personalidades fuertes y honradas de la política reformista, para fundar la paz nacional sobre la eliminación de la odiosa figura de Carranza y sobre el cordial acercamiento de todos los hombres de pecho sano y voluntad justa que quieran colaborar en la obra inmensa, pero gloriosa, de la refundición de la patria en los nuevos moldes de la encarnación revolucionaria.

En momentos tan críticos como decisivos para el porvenir de la República, la revolución agraria invita a un esfuerzo común, contra el déspota, a todos los verdaderos revolucionarios del país, a todos los hombres que anhelan la emancipación del obrero y del campesino, a los que tengan fe en los destinos de su pueblo, a los que desean para sus compatriotas una era de bienestar, de trabajo, de paz, pero también de trascendentales y necesarísimas reformas.

A todos los mexicanos amantes del progreso de su país y de la redención de los que han hambre y sed de justicia, los exhorta la revolución defensora del Plan de Ayala, a combinar sus esfuerzos, su propaganda, sus capacidades y sus energías de combate para emplearlas contra el funesto personaje que sin más apoyo que su capricho, es hoy por hoy el único estorbo para el triunfo de los ideales reformistas y para el restablecimiento de la paz nacional.

Reforma, Libertad, Justicia y Ley
Cuartel General de la Revolución
Tlaltizapán, Morelos, 27 de diciembre de 1917
El General en Jefe del Ejército Libertador, Emiliano Zapata

A los obreros de la República ¡Salud!

Hermanos de las ciudades, venid al encuentro de vuestros hermanos de los campos; hermanos del taller, venid a abrazar a vuestros hermanos del arado; hermanos de las minas, del ferrocarril, del pueblo, salvad a los ríos, las montañas, los mares y confundid vuestro anhelo de libertad con nuestro anhelo, vuestra ansia de justicia con nuestra ansia.

¡Obreros de Puebla, de Orizaba, de Monterrey, de Guanajuato, de Cananea, de Parral, de Pachuca, del Ébano, de Necaxa, obreros y operarios de las fábricas y de las minas de la República, acudid a nuestro llamado fraternal, ayudadnos con el empuje valiente de vuestro esfuerzo; que ya cruje, que ya se bambolea esa armazón de la tiranía carrancista que, cimentada en el fango de la infidencia, forjada en la fragua de las ambiciones y amarrada con los reptiles inmundos de la impostura y de la perfidia, quiso un día erguirse a la faz del mundo, como el edificio grandioso de las conquistas de la revolución reivindicadora de nuestros derechos a la vida!

Falaz y artero el carrancismo, esa burguesía uniformada de amarillo y ceñida de cananas, vistió ayer apenas la blusa noble del taller y fingió tenderos la mano; su voz se tornó halagüeña y compasiva, y, con el timbre de la elocuencia libertaria entonó con vosotros el himno de las reivindicaciones obreras. Carecíais de pan para vuestros hijos: con una mano —mano oculta entre sombras—, cerró los talleres que aún estaban abiertos; con la otra —¡generosamente tendida!— os ofreció a cambio de vuestra sangre el mísero haber del soldado, a cambio del yugo del capataz, del patrón, la férrea disciplina; a cambio del taller alumbrado, la oscura noche del cuartel ... y con la misma mano —¡siempre generosa!— os ungió en nombre de Carranza, ¡soldados de la Revolución! La lucha os vio gloriosos en el combate, vuestros batallones fueron citados en la orden del día; luchasteis con el denuedo del que lucha por disipar las sombras del presente, con el ansia del que pugna por ver la aurora del mañana.

El desengaño fue cruel y no se hizo esperar. En vez de la ayuda prometida a vuestros sindicatos, vino la imposición gubernativa, exigente y tiránica; se quiso hacer del obrero la criatura dócil del gobierno, para preparar cuando la farsa de las elecciones llegara, la exaltación al poder de los paniaguados del carrancismo; es decir, se quiso hacer un arma que sirviera de apoyo a la tiranía y a su aliado el capital, nada menos que de los sindicatos, es decir, de las agrupaciones creadas para defender el trabajo contra las expoliaciones y abusos de ese mismo capital, y por haber querido resistir a esa presión gubernativa, vosotros, lo sabéis, el carrancismo llegó a donde el mismo Huerta no llegara, a cerrar vuestra casa, vuestro templo de libertades, ¡la Casa del Obrero! No fue todo, bien lo sabéis; cuando la huelga vino, se os negó el derecho de huelga: en vez de hacerlo los patrones, Carranza os impuso sus condiciones, de acuerdo, claro, con ellos. Y como si no fuera bastante, ¡a los que protestaron, la prisión!; como si no fuera demasiado, ¡a los que resistieron, el cadalso! ¿Queréis más? ¿Queréis mayor infamia?

No; vosotros no podéis estar con vuestros enemigos. Vuestras reclamaciones son parecidas a las nuestras. Exigís aumento de jornal y reducción de horas de trabajo, es decir, mayor libertad económica, mayor derecho a gozar de la vida; es lo que nosotros exigimos al proclamar nuestros derechos a la tierra. Solo que, menos tiranizados que nosotros creísteis encontrar en el pacifico sindicato, la fórmula infalible que pusiera remedio a vuestros males; en tanto que nosotros no pudimos ni debimos pensar sino en las armas, en la rebelión abierta contra los conculcadores de nuestros derechos; porque cuando el oprimido no es dueño ni aún de lamentar su suerte, cuando la misma justísima protesta contra sus verdugos es ahogada, al formularse apenas en su garganta; entonces no queda a este oprimido, otro camino digno ni otro gesto redentor, que el de esgrimir las armas, proclamando vencer o morir; morir primero, antes de continuar más tiempo siendo esclavo.

Tras seis años de tremenda lucha infatigable, la aurora del triunfo se columbra por fin; el carrancismo, el más pérfido de los disfraces que la burguesía ha revestido en nuestro país; el carrancismo, desenmascarado y podrido de pretorianismo, marcha a su ruina. El triunfo, pues, de nuestros principios, de los consignados en el Plan de Ayala, se acerca; a vosotros, obreros, os toca acelerarlo, poniéndoos de nuestra parte.

Que las manos callosas de los campos y las manos callosas del taller se estrechen en saludo fraternal de concordia; porque en verdad, unidos los trabajadores, seremos invencibles, somos la fuerza y somos el derecho; ¡somos el mañana!

¡Salud, hermanos obreros, salud, vuestro amigo el campesino os espera! Tlaltizapán, Morelos, 15 de marzo de 1918

Manifiesto al pueblo mexicano

Estrechamente unidos por el ideal común y por la necesidad de conservar incólumes los principios, amenazados de muerte por la tiranía de Carranza, no menos que por las acechanzas e intrigas de la reacción; creemos que el primero y más alto de nuestros deberes es corresponder a la confianza que el pueblo mexicano ha depositado en nosotros, al encomendar a nuestras armas la defensa de sus libertades y el logro efectivo de sus reivindicaciones. Ha llegado, por lo mismo, el momento de formular ante él nuestra profesión de fe, clara y precisa, y de hacer franca manifestación de nuestros anhelos y de nuestros propósitos.

¿A dónde va la revolución? ¿Qué se proponen los hijos del pueblo levantados en armas?

La revolución se propone: redimir a la raza indígena, devolviéndoles sus tierras, y por lo mismo, su libertad; conseguir que el trabajador de los campos, el actual esclavo de las haciendas, se convierta en hombre libre y dueño de su destino, por medio de la pequeña propiedad; mejorar la condición económica, intelectual y moral del obrero de las ciudades, protegiéndolo contra la opresión del capitalista; abolir la dictadura y conquistar amplias y efectivas libertades políticas para el pueblo mexicano.

Tal es en esencia el programa de la revolución pero para desarrollarlo, para fijar puntos de detalle, para obtener la solución adecuada a cada problema y para no olvidar las condiciones especiales de ciertas comarcas o las peculiares necesidades de determinados grupos de habitantes, es preciso contar con el acuerdo de todos los revolucionarios del país y conocer la opinión de cada uno de ellos.

En cada región del país se hacen sentir necesidades especiales y para cada una de ellas hay y debe haber soluciones adaptables a las condiciones propias del medio. Por eso no intentamos el absurdo de imponer un criterio fijo y uniforme, sino que al pretender la mejoría de condición para el indio y para el proletario —aspiración suprema de la revolución—, queremos que los jefes que representen los diversos Estados o comarcas de la República, se hagan intérpretes de los deseos, de las necesidades y de las aspiraciones de la colectividad respectiva, y de esta suerte, mediante una mutua y fraternal comunicación de ideas, se elabore el programa de la revolución, en el que estén condensados los anhelos de todos, previstas y satisfechas las necesidades locales y sentado sólidamente el cimiento para la reconstrucción de nuestra nacionalidad.

A la inversa de Carranza, que ha impuesto su arbitrariedad y su personalidad mezquina sobre la conciencia revolucionaria, nosotros pretendemos que ésta sea la que haga valer, la que impere, la que regule y domine los destinos de la patria ante la cual desaparezcan las pequeñas ambiciones y los bastardos intereses.

Y para evitar que una nueva facción exclusivista o nuevos personajes absorbentes ejerzan preponderancia o influencia excesiva sobre el resto de la revolución, hemos acordado adoptar el siguiente procedimiento, de aplicación fácil y sencilla: al ocupar las fuerzas revolucionarias la capital de la República se celebrará una junta a la que concurrirán los jefes revolucionarios de todo el país, sin distinción de facciones o banderías. En esa junta se cambiarán impresiones, harán valer su opinión todos los revolucionarios, y cada cual manifestará cuáles son sus especiales aspiraciones, y cuáles las necesidades propias en la región en que opere.

En esa junta, por lo tanto, se dejará oír la voz nacional, la voz del pueblo representado de pronto por sus hijos levantados en armas; en tanto que establecido el gobierno provisional revolucionario, puede el Congreso de la Unión, como órgano auténtico y genuino de la voluntad general, resolver concienzudamente los problemas nacionales.

Los jefes que asistan a la junta, expresarán los puntos o principios que cada cual quiera ver convertidos en leyes o elevados al rango de preceptos constitucionales, una vez constituido el gobierno emanado de la revolución. Allí también, por acuerdo de todos (y no por la voluntad de un solo hombre o de un solo grupo, como ha pretendido el carrancismo), se formará el gobierno provisional, compuesto de hombres conscientes y honrados que satisfagan las aspiraciones revolucionarias, y al frente de los cuales deberá funcionar como jefe de Estado, un civil, designado y apoyado sinceramente por todos los elementos militares.

Reforma agraria, reivindicaciones obreras, purificación y mejoramiento de la administración de justicia, constitución de las libertades municipales, implantación del parlamentarismo como sistema salvador del gobierno, abolición del caudillaje en todas sus formas, perfeccionamiento de los diversos ramos de la legislación para que responda a las necesidades de la época y a las exigencias crecientes del proletariado de la ciudad y del campo; todo esto seriamente meditado, y discutido amplia y libremente por todos, formará la médula y el alma del programa revolucionario, la base y el punto de partida para la reconstrucción nacional.

A esta obra de patriotismo y de concordia, de fraternidad y de progreso, solo los ambiciosos podrán eximirse de colaborar, solo podrán negarse los que pretendan imponer su voluntad sobre la de los demás, los que quieran valerse de la revolución para satisfacer miras personales, o para realizar propósitos de medro, de lucro o de venganza.

Pero los que vemos por encima de nuestras pasiones el bien de la causa, y más alto que cualquiera ambición el interés supremo de la República, comprendemos muy bien que ya es tiempo de unirnos y de entendernos. Ha llegado la hora de que surja la paz de la victoria, la paz que sigue al triunfo; ya hace falta que vuelva la tranquilidad a los hogares, se cultiven los campos, se trabajen las minas, abran sus puertas los talleres, nazca el crédito nacional y francamente se encarrilen las actividades del país por las vías del progreso.

Estorba Carranza el ambicioso, y hay que derribarlo. Perjudican los antiguos rencores, las torpes desconfianzas, las pasiones vulgares, y hay que suprimirlas, hay que borrarlas.

Sobre la unión de todos los revolucionarios, militares o civiles (siempre que unos y otros sean honrados), sobre el cordial acercamiento de todas las voluntades, sobre el mutuo y libre acuerdo de todas las inteligencias, debemos basar el triunfo de nuestros ideales y la reconstrucción de la patria mexicana.

Al emprender esta obra unificadora, no podemos ni debemos olvidar a los compañeros descarriados, a los que, víctimas del engaño de Carranza, permanecen aún a su lado, defendiendo tendencias que no son las suyas y sosteniendo a una personalidad que los vende y los traiciona.

Invitamos, pues, a la concordia y a la unión a todos los luchadores de buena fe, que desengañados ya de Carranza y convencidos de su falsía, estén dispuestos a volver al campo de la lucha y a unirse a los que combatimos porque sean una verdad las promesas de redención hechas al pueblo y que es preciso cumplir, aunque sea a costa de nuestra vida.

Y para que haya un documento en que conste nuestro solemne compromiso de cumplir y hacer cumplir las bases anteriores, estampamos al pie del presente nuestras firmas, con las que empeñamos nuestra dignidad de hombres y nuestro honor de revolucionarios.

Reforma, Libertad, Justicia y Ley
Tlaltizapán, Morelos, 23 de abril de 1918
El General en Jefe del Ejército Libertador, Emiliano Zapata

Llamamiento patriótico a todos los pueblos engañados por el llamado gobierno de Carranza

Ejército Libertador de la República Mexicana

Cuartel General

El Cuartel General a mi cargo, siempre deseoso de encarrilar a los pueblos por el sendero de la libertad, del bienestar y del progreso y procurando siempre arrancarles la venda del oscurantismo y del error que pudiera extraviarlos y hacerlos caer una vez más entre las férreas cadenas de la esclavitud y de la más degradante miseria, hoy a estimado de su deber dirigirse a todos los habitantes de todas las poblaciones que actualmente asumen una actitud hostil a la revolución, con el fin de persuadirlos a que depongan esa conducta y francamente se unan a la causa popular, desligándose en absoluto del vandálico y nefasto bando carrancista.

El movimiento revolucionario se ha iniciado y ha sostenídose, a no dudar, para bien de la clase humilde del país, y ésta ya ha saboreado los frutos que trae consigo la revolución. El Cuartel General que me honro en dirigir, consecuente con los altos fines que se persiguen, en todo tiempo se ha preocupado porque los pueblos y demás comunidades comprendidas en la zona dominada por el Ejército Libertador, goce de todas clase de garantías en sus personas e intereses, y al efecto, ha expedido las disposiciones conducentes, entre las cuales se encuentra la circular del 31 de mayo de 1916, que permite a los vecinos de cada lugar armarse y organizarse para defenderse de los malhechores y de los malos revolucionarios.

Los pueblos, correspondiendo a los nobles y benéficos procedimientos del Cuartel General, lejos de volver sus armas en contra de la gran revolución agraria, deben por su propia conveniencia secundarla, uniéndose a ella, procurando a lo menos ayudarla con elementos de vida, pues que los soldados libertadores para su subsistencia necesitan el auxilio de los pacíficos o no combatientes. La circular antes citada, a la vez que se propone otorgar amplias y cumplidas garantías, a toda persona, le crea obligaciones imprescindibles, solo mientras dure el estado de guerra; estas leves cargas son perfectamente soportables, puesto que los pueblos hoy por hoy, están relevados de toda contribución, lo mismo que exentos de pagar toda renta por el cultivo de tierras.

Por otra parte, las autoridades municipales y el vecindario de cada localidad, están en la obligación de no confundir la mala conducta de algún falso revolucionario con la del Cuartel General, transformando un asunto personal en cuestión relacionada con los intereses de la revolución; porque si es cierto que hay jefes desordenados e intemperantes, el Cuartel General en nada interviene a su favor, procediendo, al contrario, incontinenti, a reprimir cualquier atentado contra personas o intereses, estimando que un pueblo está en su derecho para obrar con energía respecto de algún militar abusivo, pero no así a oponerse al curso de la propia revolución.

Además, es preciso que los pueblos a que aludo se den cuenta de que el carrancismo está próximo a derrumbarse y que en su caída arrastrará a muchos inocentes engañados. Así lo indican los acontecimientos que ocurren. Carranza carece de dinero, de hombres y de toda clase de elementos, y lo que es peor todavía, de prestigio. Numerosos jefes antes adictos a su facción lo han abandonado, indignados por los múltiples atropellos que ha cometido contra todas las libertades y contra todos sus derechos, y también porque ha faltado a todos sus compromisos. Las defecciones en sus filas se suceden a diario, y las sublevaciones están a la orden del día. Los Generales Francisco Coss, Luis y Eulalio Gutiérrez, Eugenio López y José María Guerra en Coahuila y Tamaulipas; Cervera y Arenas en Puebla, los subordinados de Mariscal en Guerrero, José Cabrera en México, y otros muchos jefes en distintos puntos del país han desconocido a Carranza convencidos de la perfidia que es su norma, y de las traiciones que ha consumado; todos ellos se han adherido a la causa, trayendo un contingente de más de veintiocho mil hombres. Esto sin contar con el levantamiento de los Yaquis, sedientos de tierras en Sonora, la de los Coras y Huicholes en Tepic, la de los mineros en Santa Gertrudis, La Luz, Loreto y el Chico, pertenecientes a Hidalgo, y las de otros varios lugares de la República.

En la situación bamboleante que atraviesa, y previendo ya su derrocamiento en breve tiempo, el viejo hacendado de Cuatro Ciénegas, Venustiano Carranza, se ha valido del ardid más odioso y condenable para prolongar la vida de su llamado gobierno; ha empleado el engaño, haciendo creer a los incautos que la revolución está vencida, y que su régimen se consolidará; ha seducido a los pueblos o bien los ha obligado por la fuerza para que le presten su contingente de sangre como carne de cañón, prometiéndoles orden y garantías que no puede ni está dispuesto a hacerlas efectivas, puesto que sus chusmas, en su insaciable sed de rapiña, no han respetado ni honras ni vidas, ni tampoco intereses. Ofrece hoy garantías, para al día siguiente pisotearlas todas por medio de sus hordas de ladrones y asesinos, que no teniendo otra manera de vivir, no respetan ni la ropa desgarrada que porte el más desheredado de la fortuna.

Cuando el tirano ofrece garantías, abriga únicamente la intención de allegarse prosélitos, sirviéndole este ardid para embaucar ignorantes que mañana, al derrumbarse su mentado gobierno, le sirvan de barrera para huir cómodamente al extranjero, a disfrutar los dineros robados al pueblo mexicano, abandonando esa carne de cañón, a su propia suerte.

A mayor abundamiento, Carranza, en vez de satisfacer las aspiraciones nacionales resolviendo el problema agrario y el obrero, por el reparto de tierras o el fraccionamiento de las grandes propiedades y mediante una legislación ampliamente liberal, en lugar de hacer esto, repito, ha restituido a los hacendados, en otra época intervenidos por la revolución, y las ha devuelto a cambio de un puñado de oro que ha entrado en sus bolsillos, nunca saciados. Solo ha sido un vociferador vulgar al prometer al pueblo libertades y la reconquista de sus derechos.

En cambio, la revolución ha hecho promesas concretas, y las clases humildes han comprobado con la experiencia, que se hacen efectivos esos procedimientos. La revolución reparte tierras a los campesinos, y procura mejorar la condición de los obreros citadinos; nadie desconoce esta gran verdad. En la región ocupada por la revolución no existen haciendas ni latifundios, porque el Cuartel General ha llevado a cabo su fraccionamiento en favor de los necesitados, aparte de la devolución de sus ejidos y fundos legales, hecha a las poblaciones y demás comunidades vecinales. Por todo lo expuesto, hago un llamamiento fraternal y sincero a todos los pueblos arteramente seducidos por los carrancistas, manifestándoles que aún es tiempo de que reflexionen madura y concienzudamente sobre su conducta y se convenzan de su error, volviendo sobre sus pasos y alistándose en el formidable partido revolucionario; bien entendidos de que el Cuartel General a mi mando, francamente está decidido a olvidar los hechos pasados y recibir con los brazos abiertos a los hijos de esos pueblos, a los que ofrece solemnemente su mano amiga, y librar en consecuencia órdenes terminantes a los jefes militares del rumbo, a fin de que por ningún motivo los molesten tan pronto como cambien de actitud y se aparten abiertamente del perverso y funesto grupo carrancista, resueltos a ayudar en alguna forma a la sacrosanta causa del pueblo, sintetizada en el Plan de Ayala que es su enseña.

Conciudadanos: todavía es tiempo de que os alejéis del profundo abismo, todavía es tiempo de que volváis al buen camino y dejéis a vuestros hijos la herencia más preciosa que es la libertad, sus derechos inalienables y su bienestar; podéis aún legarles un nombre honrado que por ellos sea recordado con orgullo, con solo ser adictos a la revolución, y no a la tiranía personificada de Carranza.

Reforma, Libertad, Justicia y Ley
Tlaltizapán, Morelos, 22 de agosto de 1918
El General en Jefe, Emiliano Zapata

Plan de San Luis

Los pueblos, en su esfuerzo constante porque triunfen los ideales de la libertad y justicia, se ven precisados en determinados momentos históricos a realizar los mayores sacrificios.

Nuestra querida patria ha llegado a uno de esos momentos: una tiranía que los mexicanos no estábamos acostumbrados a sufrir, desde que conquistamos nuestra independencia, nos oprime de tal manera, que ha llegado a hacerse intolerable. En cambio de esta tiranía se nos ofrece la paz, pero es una paz vergonzosa para el pueblo mexicano porque no tiene por base el derecho, sino la fuerza; porque no tiene por objeto el engrandecimiento y prosperidad de la patria, sino enriquecer un pequeño grupo que, abusando de su influencia, ha convertido los puestos públicos en fuente de beneficios exclusivamente personales, explotando sin escrúpulo las concesiones y contratos lucrativos.

Tanto el Poder Legislativo como el Judicial están completamente supeditados al Ejecutivo; la división de los poderes, la soberanía de los Estados, la libertad de los ayuntamientos y los derechos del ciudadano, solo existen escritos en nuestra Carta Magna; pero de hecho, en México casi puede decirse que reina constantemente la ley marcial; la justicia, en vez de impartir su protección al débil, solo sirve para legalizar los despojos que comete el fuerte; los jueces, en vez de ser los representantes de la justicia, son agentes del Ejecutivo, cuyos intereses sirven fielmente; las Cámaras de la Unión, no tienen otra voluntad que la del dictador; los gobernadores de los Estados son designados por él, y ellos, a su vez, designan e imponen de igual manera las autoridades municipales.

De esto resulta que todo el engranaje administrativo, judicial y legislativo, obedecen a una sola voluntad, al capricho del General Porfirio Díaz, quien en su larga administración, ha demostrado que el principal móvil que lo guía es mantenerse en el poder y a toda costa.

Hace muchos años se siente en toda la República profundo malestar, debido a tal régimen de gobierno, pero el General Díaz, con gran astucia y perseverancia, había logrado aniquilar todos los elementos independientes, de manera que no era posible organizar ninguna clase de movimiento para quitarle el poder de que tan mal uso hacía. El mal se agravaba constantemente, y el decidido empeño del General Díaz de imponer a la nación un sucesor, y siendo éste el señor Ramón Corral, llevó ese mal a su colmo y determinó que muchos mexicanos, aunque carentes de reconocida personalidad política, puesto que había sido imposible labrársela durante 36 años de dictadura, nos lanzáramos a la lucha, intentando reconquistar la soberanía del pueblo y sus derechos, en el terreno netamente democrático.

Entre otros partidos que tendían al mismo fin, se organizó el Partido Nacional Antirreeleccionista proclamando los principios de sufragio efectivo y no reelección, como únicos capaces de salvar a la República del inminente peligro con que la amenazaba la prolongación de una dictadura cada día más onerosa, más despótica y más inmoral.

El pueblo mexicano secundó eficazmente a ese partido y respondiendo al llamado que se le hizo, mandó a sus representantes a una Convención, en la que también estuvo representado el Partido Nacional Democrático, que asimismo interpretaba los anhelos populares. Dicha Convención designó sus candidatos para la presidencia y vicepresidencia de la República, recayendo esos nombramientos en el señor doctor Francisco Vázquez Gómez y en mí para los cargos respectivos de vicepresidente y presidente de la República.

Aunque nuestra situación era sumamente desventajosa porque nuestros adversarios contaban con todo el elemento oficial, en el que se apoyaban sin escrúpulos, creímos de nuestro deber, para servir la causa del pueblo, aceptar tan honrosa designación. Imitando las sabias costumbres de los países republicanos, recorrí parte de la República haciendo un llamamiento a mis compatriotas. Mis giras fueron verdaderas marchas triunfales, pues por dondequiera el pueblo, electrizado por las palabras mágicas de Sufragio efectivo y no reelección, daba pruebas evidentes de su inquebrantable resolución de obtener el triunfo de tan salvadores principios. Al fin, llegó un momento en que el General Díaz se dio cuenta de la verdadera situación de la República, y comprendió que no podía luchar ventajosamente conmigo en el campo de la democracia, y me mandó reducir a prisión antes de las elecciones, las que se llevaron a cabo excluyendo al pueblo de los comicios por medio de la violencia, llenando las prisiones de ciudadanos independientes y cometiendo los fraudes más desvergonzados.

En México, como República democrática, el poder político no puede tener otro origen ni otra base que la voluntad nacional, y ésta no puede ser supeditada a fórmulas llevadas a cabo de un modo fraudulento.

Por este motivo el pueblo mexicano ha protestado contra la ilegalidad de las últimas elecciones; y queriendo emplear sucesivamente todos los recursos que ofrecen las leyes de la República, en la debida forma, pidió la nulidad de las elecciones ante la Cámara de Diputados, a pesar de que no reconocía a dicho cuerpo un origen legítimo y de que sabía de antemano que no siendo sus miembros representantes del pueblo, solo acatarían la voluntad del General Díaz, a quien exclusivamente deben su investidura.

En tal estado de cosas, el pueblo que es el único soberano, también protestó de un modo enérgico contra las elecciones en imponentes manifestaciones llevadas a cabo en diversos puntos de la República, y si éstas no se generalizaron en todo el territorio nacional, fue debido a la terrible presión ejercida por el gobierno que siempre ahoga en sangre cualquier manifestación democrática, como pasó en Puebla, Veracruz, Tlaxcala, México y otras partes.

Pero esta situación violenta e ilegal no puede subsistir más.

Yo he comprendido muy bien que si el pueblo me ha designado como un candidato para la presidencia, no es porque yo haya tenido la oportunidad de descubrir en mí las dotes del estadista o del gobernante, sino la virilidad del patriota resuelto a sacrificarse si es preciso, con tal de conquistar la libertad y ayudar al pueblo a librarse de la odiosa tiranía que lo oprime.

Desde que me lancé a la lucha democrática sabía muy bien que el General Díaz no acataría la voluntad de la nación, y el noble pueblo mexicano, al seguirme a los comicios, sabía también perfectamente el ultraje que le esperaba; pero a pesar de ello, el pueblo dio para la causa de la libertad un numeroso contingente de mártires cuando éstos eran necesarios, y con admirable estoicismo concurrió a las casillas a recibir toda clase de vejaciones.

Pero tal conducta era indispensable para demostrar al mundo entero que el pueblo mexicano está apto para la democracia, que está sediento de libertad, y que sus actuales gobernantes no responden a sus aspiraciones.

Además, la actitud del pueblo antes y durante las elecciones, así como después de ellas, demuestra claramente que rechaza con energía al gobierno del General Díaz y que si se hubieran respetado esos derechos electorales, hubiese sido yo electo para la presidencia de la República.

En tal virtud y haciéndome eco de la voluntad nacional, declaro ilegales las pasadas elecciones y quedando por tal motivo la República sin gobernantes legítimos, asumo provisionalmente la presidencia de la República, mientras el pueblo designa conforme a la ley sus gobernantes. Para lograr este objeto es preciso arrojar del poder a los audaces usurpadores que por todo título de legalidad ostentan un fraude escandaloso e inmoral.

Con toda honradez declaro que consideraría una debilidad de mi parte y una traición al pueblo que en mi ha depositado su confianza, no ponerme al frente de mis conciudadanos, quienes ansiosamente me llaman, de todas partes del país, para obligar al General Díaz, por medio de las armas, a que respete la voluntad nacional.

El gobierno actual, aunque tiene por origen la violencia y el fraude, desde el momento en que ha sido tolerado por el pueblo, puede tener para las naciones extranjeras ciertos títulos de legalidad hasta el 30 del mes entrante en que expiran sus poderes; pero como es necesario que el nuevo gobierno dimanado del último fraude no pueda recibirse ya del poder, o por lo menos se encuentre con la mayor parte de la nación protestando con las armas en la mano, contra esa usurpación, he designado el domingo 20 del entrante noviembre, para que de las seis de la tarde en adelante, en todas las poblaciones de la República se levanten en armas bajo el siguiente

Plan

1.º Se declaran nulas las elecciones para presidente y vicepresidente de la República, Magistrados a la Suprema Corte de la nación y diputados y senadores, celebradas en junio y julio del corriente año.

2.º Se desconoce al actual gobierno del General Díaz, así como a todas las autoridades cuyo poder debe dimanar del voto popular, porque además de no haber sido electas por el pueblo, han perdido los pocos títulos que podían tener de legalidad, cometiendo y apoyando con los elementos que el pueblo puso a su disposición para la defensa de sus intereses, el fraude electoral más escandaloso que registra la historia de México.

3.º Para evitar, hasta donde sea posible, los trastornos inherentes a todo movimiento revolucionario, se declaran vigentes, a reserva de reformar oportunamente por los medios constitucionales, aquellas que requieran reformas, todas las leyes promulgadas por la actual administración y sus reglamentos respectivos, a excepción de aquellas que manifiestamente se hallen en pugna con los principios proclamados en este Plan.

Igualmente se exceptúan las leyes, fallos de tribunales y decretos que hayan sancionado las cuentas y manejos de fondos de todos los funcionarios de la administración porfirista en todos los ramos; pues tan pronto como la revolución triunfe, se iniciará la formación de comisiones de investigación para dictaminar acerca de las responsabilidades en que hayan podido incurrir los funcionarios de la federación, de los Estados y de los municipios.

En todo caso serán respetados los compromisos contraídos por la administración porfirista con gobiernos y corporaciones extranjeras antes del 20 del entrante.

Abusando de la Ley de Terrenos Baldíos, numerosos propietarios en su mayoría indígenas, han sido despojados de sus terrenos, por acuerdo de la Secretaría de Fomento, o por fallos de los tribunales de la República. Siendo en toda justicia restituir a sus antiguos poseedores los terrenos de que se les despojó de un modo tan arbitrario, se declaran sujetas a revisión tales disposiciones y fallos y se les exigirá a los que los adquirieron de un modo tan inmoral, o a sus herederos, que los restituyan a sus primitivos propietarios, a quienes pagarán también una indemnización por los perjuicios sufridos. Solo en el caso de que esos terrenos hayan pasado a tercera persona antes de la promulgación de este Plan, los antiguos propietarios recibirán indemnización de aquellos en cuyo beneficio se verificó el despojo.

4.º Además de la Constitución y leyes, se declara Ley Suprema de la República el principio de no reelección del presidente y vicepresidente de la República, de los gobernadores de los Estados y de los presidentes municipales, mientras se hagan las reformas constitucionales respectivas.

5.º Asumo el carácter de presidente provisional de los Estados Unidos Mexicanos con las facultades necesarias para hacer la guerra al gobierno usurpador del General Díaz.

Tan pronto como la capital de la República y más de la mitad de los Estados de la federación, estén en poder de las fuerzas del pueblo, el presidente provisional convocará a elecciones generales extraordinarias para un mes después y entregará el poder al presidente que resulte electo, tan luego como sea conocido el resultado de la elección.

6.º El presidente provisional, antes de entregar el poder, dará cuenta al Congreso de la Unión, del uso que haya hecho de las facultades que le confiere el presente Plan.

7.º El día 20 de noviembre, desde las seis de la tarde en adelante, todos los ciudadanos de la República tomarán las armas para arrojar del poder a las autoridades que actualmente gobiernan. Los pueblos que estén retirados de las vías de comunicación, lo harán desde la víspera.

8.º Cuando las autoridades presenten resistencia armada, se les obligará por la fuerza de las armas a respetar la voluntad popular, pero en este caso las leyes de la guerra serán rigurosamente observadas, llamándose especialmente la atención sobre las prohibiciones relativas a no usar balas explosivas ni fusilar a los prisioneros. También se llama la atención respecto al deber de todo mexicano de respetar a los extranjeros en sus personas e intereses.

9.º Las autoridades que opongan resistencia a la realización de este Plan serán reducidas a prisión para que se les juzgue por los tribunales de la República cuando la revolución haya terminado. Tan pronto como cada ciudad o pueblo recobre su libertad, se reconocerá como autoridad legítima provisional, al principal Jefe de las armas con facultad de delegar sus funciones en algún otro ciudadano caracterizado, quien será confirmado en su cargo o removido por el gobierno provisional.

Una de las principales medidas del gobierno provisional será poner en libertad a todos los presos políticos.

10.º El nombramiento de Gobernador provisional de cada Estado que haya sido ocupado por las fuerzas de la revolución, será hecho por el presidente provisional. Este Gobernador tendrá la estricta obligación de convocar elecciones para Gobernador constitucional del Estado, tan pronto como sea posible, a juicio del presidente provisional. Se exceptúan los Estados que de dos años a esta parte han sostenido campañas democráticas para cambiar de gobierno, pues en éstos se considerará como gobernador provisional al que fue candidato del pueblo, siempre que se adhiera activamente a este Plan.

En caso de que el presidente provisional no haya hecho el nombramiento de Gobernador, que este nombramiento no haya llegado a su destino o bien que el agraciado no aceptara por cualquier circunstancia, entonces el gobernador será designado por votación de todos los jefes de las armas que operen en el territorios del Estado respectivo, a reserva de que su nombramiento sea ratificado por el presidente provisional tan pronto como sea posible.

11.º Las nuevas autoridades dispondrán de todos los fondos que se encuentren en todas las oficinas públicas, para los gastos ordinarios de la administración; para los gastos de la guerra contratarán empréstitos, voluntarios o forzosos. Estos últimos solo con ciudadanos o instituciones nacionales. De estos empréstitos se llevará una cuenta escrupulosa y se otorgarán recibos en debida forma a los interesados, a fin de que al triunfar la revolución se les restituya lo prestado.

Transitorios

A. Los jefes de las fuerzas revolucionarias tomarán el grado que corresponda al número de fuerzas a su mando. En caso de operar fuerzas voluntarias y militares unidas, tendrá el mando de ellas el jefe de mayor graduación, pero en caso de que ambos jefes tengan el mismo grado, el mando será del jefe militar.

Los jefes civiles disfrutarán de dicho grado mientras dure la guerra, y una vez terminada, esos nombramientos, a solicitud de los interesados, se revisarán por la Secretaría de Guerra, que los ratificará en su grado o los rechazará, según sus méritos.

B. Todos los jefes, tanto civiles como militares, harán guardar a sus tropas la más estricta disciplina, pues ellos serán responsables ante el gobierno provisional, de los desmanes que cometan las fuerzas a su mando, salvo que justifiquen no haberles sido posible contener a sus soldados y haber impuesto a los culpables el castigo merecido.

Las penas más severas serán aplicadas a los soldados que saqueen una población o que maten a prisioneros indefensos.

C. Si las fuerzas o autoridades que sostienen al General Díaz fusilan a los prisioneros de guerra, no por eso y como represalias se hará lo mismo con los de ellos que caigan en nuestro poder; pero en cambio serán fusilados dentro de las veinticuatro horas y después de un juicio sumario, las autoridades civiles o militares al servicio del General Díaz, que una vez estallada la revolución hayan ordenado, dispuesto en cualquier forma, transmitido la orden o fusilado a alguno de nuestros soldados.

De esa pena no se eximirán ni los más altos funcionarios, la única excepción será el General Díaz y sus Ministros, a quienes en caso de ordenar dichos fusilamientos o permitirlos, se les aplicará la misma pena, pero después de haberlos juzgado por los tribunales de la República, cuando ya haya terminado la revolución.

En el caso de que el General Díaz disponga que sean respetadas las leyes de la guerra, y que se trate con humanidad a los prisioneros que caigan en sus manos, tendrá la vida salva; pero de todos modos deberá responder ante los tribunales de cómo ha manejado los caudales de la nación, de cómo ha cumplido con la ley.

D. Como es requisito indispensable en las leyes de la guerra que las topas beligerantes lleven algún uniforme o distintivo y como será difícil uniformar a las numerosas fuerzas del pueblo que van a tomar parte en la contienda, se adoptará como distintivo de todas las fuerzas libertadoras, ya sean voluntarias o militares, un listón tricolor, en el tocado o en el brazo.

Conciudadanos: si os convoco para que toméis las armas y derroquéis al gobierno del General Díaz, no es solamente por el atentado que cometió durante las últimas elecciones, sino para salvar a la patria del porvenir sombrío que le espera continuando bajo su dictadura y bajo el gobierno de la nefanda oligarquía científica, que sin escrúpulo y a gran prisa están absorbiendo

68

y dilapidando los recursos nacionales, y si permitimos que continúe en el poder, en un plazo muy breve habrán completado su obra; habrán llevado al pueblo a la ignominia y lo habrán envilecido; le habrán chupado todas sus riquezas y dejado en la más absoluta miseria; habrán causado la bancarrota de nuestra patria, que débil, empobrecida y maniatada, se encontrará inerme para defender sus fronteras, su honor y sus instituciones.

Por lo que a mí respecta, tengo la conciencia tranquila y nadie podrá acusarme de promover la revolución por miras personales, pues está en la conciencia nacional que hice todo lo posible para llegar a un arreglo pacífico y estuve dispuesto hasta a renunciar de mi candidatura siempre que el General Díaz hubiese permitido a la nación designar aunque fuese al vicepresidente de la República; pero, dominado por incomprensible orgullo y por inaudita soberbia, desoyó la voz de la patria y prefirió precipitarla en una revolución antes que ceder un ápice, antes de devolver al pueblo un átomo de sus derechos, antes de cumplir aunque fuese en las postrimerías de su vida, parte de las promesas que hizo en La Noria y Tuxtepec.

Él mismo justificó la presente revolución cuando dijo: Que ningún ciudadano se imponga y perpetúe en el ejercicio del poder y esta será la última revolución.

Si en el ánimo del General Díaz hubiesen pesado más los intereses de la patria que los sórdidos intereses de él y sus consejeros, hubiera evitado esta revolución, haciendo algunas concesiones al pueblo; pero ya que no lo hizo ... ¡tanto mejor!, el cambio será más rápido y más radical, pues el pueblo mexicano, en vez de lamentarse como un cobarde, aceptará como un valiente el reto, y ya que el General Díaz pretende apoyarse en la fuerza bruta para imponerle un yugo ignominioso, el pueblo recurrirá a esa misma fuerza para sacudir ese yugo, para arrojar a ese hombre funesto del poder y para reconquistar su libertad.

Sufragio efectivo, no reelección
San Luis Potosí, octubre 5 de 1910
Francisco I. Madero

Tratados de Ciudad Juárez

En Ciudad Juárez, a los veintiún días del mes de mayo de mil novecientos once, reunidos en el edificio de la Aduana Fronteriza, los señores licenciado don Francisco S. Carvajal, representante del gobierno del señor General don Porfirio Díaz; don Francisco Vázquez Gómez, don Francisco I. Madero, y licenciado don José María Pino Suárez, como representantes los tres últimos de la revolución, para tratar sobre el modo de hacer cesar las hostilidades en todo el territorio nacional y considerando:

Primero. Que el señor General Porfirio Díaz ha manifestado su resolución de renunciar a la presidencia de la República, antes de que termine el mes en curso;

Segundo. Que se tienen noticias fidedignas de que el señor Ramón Corral renunciará igualmente a la vicepresidencia de la República dentro del mismo plazo;

Tercero. Que por ministerio de la ley, el señor licenciado don Francisco León de la Barra, actual Secretario de Relaciones Exteriores, del gobierno del señor General Díaz, se encargará interinamente del Poder Ejecutivo de la nación y convocará a elecciones generales dentro de los términos de la Constitución;

Cuarto. Que el nuevo gobierno estudiará las condiciones de la opinión pública en la actualidad, para satisfacerlas en cada Estado dentro del orden constitucional y acordará lo conducente a las indemnizaciones de los perjuicios causados directamente por la revolución.

Las dos partes representadas en esta conferencia, por las anteriores consideraciones han acordado formalizar el presente convenio:

Única. Desde hoy cesarán en todo el territorio de la República las hostilidades que han existido entre las fuerzas del gobierno del General Díaz y las de la revolución; debiendo éstas ser licenciadas a medida que en cada

Estado se vayan dando los pasos necesarios para restablecer y garantizar la paz y el orden públicos.

Transitorio. Se procederá desde luego a la reconstrucción o reparación de las vías telegráficas y ferrocarrileras que hoy se encuentran interrumpidas.

El presente convenio se firma por duplicado.

Francisco S. Carbajal
Francisco Vázquez Gómez
Francisco I. Madero
José María Pino Suárez

Libros a la carta

A la carta es un servicio especializado para
empresas,
librerías,
bibliotecas,
editoriales
y centros de enseñanza;
y permite confeccionar libros que, por su formato y concepción, sirven a los propósitos más específicos de estas instituciones.

Las empresas nos encargan ediciones personalizadas para marketing editorial o para regalos institucionales. Y los interesados solicitan, a título personal, ediciones antiguas, o no disponibles en el mercado; y las acompañan con notas y comentarios críticos.

Las ediciones tienen como apoyo un libro de estilo con todo tipo de referencias sobre los criterios de tratamiento tipográfico aplicados a nuestros libros que puede ser consultado en Linkgua-ediciones.com.

Linkgua edita por encargo diferentes versiones de una misma obra con distintos tratamientos ortotipográficos (actualizaciones de carácter divulgativo de un clásico, o versiones estrictamente fieles a la edición original de referencia).

Este servicio de ediciones a la carta le permitirá, si usted se dedica a la enseñanza, tener una forma de hacer pública su interpretación de un texto y, sobre una versión digitalizada «base», usted podrá introducir interpretaciones del texto fuente. Es un tópico que los profesores denuncien en clase los desmanes de una edición, o vayan comentando errores de interpretación de un texto y esta es una solución útil a esa necesidad del mundo académico.

Asimismo publicamos de manera sistemática, en un mismo catálogo, tesis doctorales y actas de congresos académicos, que son distribuidas a través de nuestra Web.

El servicio de «libros a la carta» funciona de dos formas.

1. Tenemos un fondo de libros digitalizados que usted puede personalizar en tiradas de al menos cinco ejemplares. Estas personalizaciones pueden ser de todo tipo: añadir notas de clase para uso de un grupo de estudiantes,

introducir logos corporativos para uso con fines de marketing empresarial, etc. etc.

2. Buscamos libros descatalogados de otras editoriales y los reeditamos en tiradas cortas a petición de un cliente.